Welche Auswirkungen hat das Rentensystem auf das Leben im Alter?

Zwischen Armut, Ausgrenzung und wohlverdientem Ruhestand

Bibliografische Information der Deutschen Nationalbibliothek:

Die Deutsche Nationalbibliothek verzeichnet diese Publikation in der Deutschen Nationalbibliografie; detaillierte bibliografische Daten sind im Internet über http://dnb.d-nb.de abrufbar.

Impressum:

Ein Imprint der Open Publishing GmbH

Druck und Bindung: Books on Demand GmbH, Norderstedt, Germany

Covergestaltung: Open Publishing GmbH

Inhaltsverzeichnis

Abkürzungsverzeichnis

aRW	aktueller Rentenwert
BRD	Bundesrepublik Deutschland
ca.	circa
d.h.	das heißt
ebd.	ebenda
EP	Entgeltpunkte
etc.	et cetera
KZfS	Kölner Zeitschrift für Soziologie und Sozialpsychologie
RaF	Rentenartfaktor
S.	Seite
vgl.	vergleiche
ZF	Zugangsfaktor

Abbildungsverzeichnis

1 Einleitung

Im Rahmen der vorliegenden Bachelorarbeit soll herausgefunden werden, welche Auswirkungen das deutsche Rentensystem auf individuelle Altersverläufe hat. Diese Auswirkungen sollen vor dem Hintergrund des aktuellen politischen Diskurses der älter werdenden Gesellschaft in Deutschland und den damit verbundenen Rentenreformen, was in Kombination einen sozialen Ausschluss einzelner Individuen herbeiführen kann, in der kommenden Arbeit genauer beleuchtet werden.

Um soziale Ausgrenzungen beziehungsweise den Ausschluss von bestimmten Ressourcen und Angeboten im Alter zu untersuchen, sind Definitionen von Armutsbegriffen und sozialer Ungleichheit sowie Kenntnisse der gesamten Lebensverläufe betroffener Menschen erforderlich. Menschen, die zum Beispiel aufgrund langfristiger Arbeitslosigkeit, eines Migrationshintergrunds oder geringer Qualifikation sozialen Ausschluss erleben, werden es auch im Alter schwer haben, sich aus ihrer prekären Lebenslage zu befreien. Um dies verstehen zu können, soll im Nachgang die Lebenswelt der älteren Menschen beschrieben werden. In diesem Kapitel soll darauf eingegangen werden, wie sich die Lebensphase ‚Alter' von den vorherigen Lebensphasen unterscheidet und welche Auswirkungen dies auf die individuellen Menschen haben kann. Anschließend wird erläutert, wie das System der Deutschen Rentenversicherung entstanden und aufgebaut ist. Darauf aufbauend befasse ich mich mit dem demographischen Wandel, der die Rentenversicherung aufgrund mehrerer Faktoren beeinflusst.

Zum Abschluss der Arbeit werden exemplarisch zwei armutsgefährdete Gruppen dargestellt und dahingehend untersucht, warum und wodurch sie ein erhöhtes Armutsrisiko aufweisen. Des Weiteren wird geprüft, ob die Soziale Arbeit für die armutsgefährdeten Gruppen von Nutzen sein kann. Wenn dies der Fall ist, soll untersucht werden, in welcher Form die Soziale Arbeit ihre Profession ausüben kann.

2 Definition

Im folgenden Kapitel nehme ich Bezug zu den verschiedenen Definitionen von Armut. Daraufhin befasse ich mich mit sozialer Ungleichheit und gehe abschließend auf die Historie der Armut in Deutschland ein.

2.1 Armut

Da „keine Armutsdefinition für alle Länder und alle Zeiten gleichermaßen Gültigkeit" (Butterwegge 2009, S. 11) haben kann, ist es schwer, Armut allgemein zu beschreiben. Dennoch ist es wichtig, zu wissen, welche Definitionen es von Armut gibt, warum es zwischen diesen unterschiedliche Auffassungen gibt und wie man mit dem Thema in Zukunft umgehen kann.

Armut hängt von den jeweiligen gesellschaftlichen Bedingungen, unter denen sie herrscht, ab und ist daher schwer zu verallgemeinern (vgl. ebd. S. 12). „Es gibt keine allgemeingültige Definition von Armut, sondern nur eine jeweils zu einem gewissen Zeitpunkt in einer gegebenen Gesellschaft herrschende Definition. Sie prägt die Politik gegenüber den Armen, entscheidet darüber, ob sie das Etikett Armut erhalten, die zur Unterstützung berechtigt oder ob sie anders etikettiert werden" (Wagner 1982, S. 31). Armut wird auch „je nach sozialer Stellung, Weltanschauung und Religion" (Butterwegge 2009, S. 13) unterschiedlich wahrgenommen und wird deswegen individuell behandelt. Zugleich ist Armut auch ein relationaler Begriff, „der nur im Verhältnis zu jener Gesellschaft einen Sinn ergibt, in der ein davon Betroffener lebt" (ebd.). Demnach kann man die Armut in der sogenannten Dritten Welt nicht mit der Armut in einem Land wie der Bundesrepublik Deutschland vergleichen, sondern muss eine Bedeutung der Definition der verschiedenen Gesellschaften finden und bearbeiten. Ebenso wie ihr Gegenstück, der Reichtum, sind die beiden Phänomene schwer abzugrenzen und zahlenmäßig nicht genau zu erfassen, wie Leopold von Wiese um die Mitte der 1950er Jahre in der Kölner Zeitschrift für Soziologie bemerkte: „Wo Reichtum beginnt, wo Armut aufhört, kann niemand sagen. Zieht man den Begriff des Existenzminimums zur Klärung heran, so ist die Beweislast nur verschoben; denn dieses Minimum ist rechnerisch ebenso schwer erfassbar" (Leopold v. Wiese in KZfS in Butterwegge 2009, S.13).

Neben der Frage der genauen Definition stellt sich auch die Frage, wie man arm wird. Denn man ist nicht von Natur aus arm und es ist auch keine göttliche Fügung. Arm wird man vielmehr durch die Gesellschaft beziehungsweise durch sozioökonomische Entscheidungen. „Armut ist selten selbst verschuldet. Armut wird erzeugt, entweder durch die Mechanismen des ökomischen Systems oder durch konkrete politische Handlungen beziehungsweise Unterlassungen" (Roth 1997, S. 110).

„Der ‚klassische' Armutsbegriff, welcher von der Antike über das christliche Mittelalter bis zur Neuzeit im Gebrauch war, bezog sich auf die Frage, ob jemand mehr besaß, als er zum Überleben und bloßem Dahinvegetieren benötigte" (Butterwegge 2009, S. 15). Ein moderner Armutsbegriff muss viel differenzierter sein und muss berücksichtigen, in welcher Gesellschaft ein Mensch lebt beziehungsweise wie groß der ihn umgebende Wohlstand ist. Der US-amerikanische Historiker Gabriel Kolko benennt Armut folgender-maßen: „Armut ist die wirtschaftliche Unfähigkeit, ein Minimum an ärztlicher Betreuung, Ernährung, Schutz und Sicherheit aufrechtzuerhalten" (Kolko 1967, S. 77). Wolfgang Glatzer und Werner Hübinger verstehen unter Armut „inferiore Lebenslagen, die hinsichtlich ihrer materiellen und immateriellen Dimensionen unterhalb von Minimalstandards zu finden sind; diese Minimalstandards sind in Relation zu den durchschnittlichen Versorgungsniveaus in der Gesellschaft zu bestimmen und zu begründen" (Wolfgang Glatzer/Werner Hübinger 1990, S. 44). Olaf Groh-Samberg definiert: „Eine Person gilt in dem Maße von Armut betroffen, wie sie sich im Hinblick auf ihre ökonomischen Ressourcen und die mit ihnen in unmittelbarerer Wechselwirkung stehenden Lebenslagen dauerhaft unterhalb des gesellschaftlichen Wohlstandsniveaus bewegt" (Groh-Samberg 2009, S. 118).

Armut ist viel mehr als nur durch materielle Güter zu definieren. Armut ist ein „mehrdimensionales Phänomen" (Butterwegge 2009, S. 18), welches sich auch auf andere Dinge fokussiert. Betroffenen fehlt es neben Geld oftmals auch an „Artikulations-, Politik- und Konfliktfähigkeit, das heißt die Möglichkeit, sich in gesellschaftliche Willensbildungs- und Entscheidungsprozesse einzumischen" (ebd.).

Die Armutsforschung unterscheidet zwei Typen von Armut: Absolute und relative Armut.

In der absoluten Armut besteht ein Mangel an der Versorgung mit Gütern wie Nahrung, Bekleidung, Behausung, Leistungen der Gesundheitsvorsorge und pflege, familialen und sozialen Kontakten und weiteren Bereichen. Durch eine Mangelversorgung ist das Existenzminimum gefährdet. Die United Nations haben absolute Armut folgendermaßen definiert: „Eine Person ist absolut arm, wenn sie weniger als einen US-Dollar pro Tag zum (Über-)Leben zur Verfügung hat. Die Welthungerhilfe setzt 1,25 Dollar pro Tag als absolute Armutsgrenze an. Beide Größen sind relativ willkürlich, weil sie die konkreten Lebensbedingungen, die Kaufkraft des Geldes, den Umfang der Eigenproduktion etc. in den unterschiedlichsten Regionen nicht berücksichtigen (können)" (Willke 2011, S. 30).

In der relativen Armut spielt das finanzielle Einkommen gemessen am Durchschnittseinkommen der jeweiligen Gesellschaft eine Rolle. Der Fokus setzt sich hier auf die soziokulturelle Ungleichheit der jeweiligen Gesellschaft. Die physische Existenz wird durch Sozialhilfen oder andere Leistungen gesichert, ein Mangel an kultureller Teilhabe bleibt jedoch bestehen. Die United Nations haben auch für die relative Armut eine Definition festgelegt: „Relative Armut liegt vor, wenn eine Person oder ein Haushalt über weniger als 60 Prozent des Durchschnittseinkommens verfügt" (ebd.).

Neben der absoluten und relativen Armut gibt es unter anderem die verdeckte Armut, die im gesellschaftlichen und politischen Diskurs oft zu Wort kommt.

Unter verdeckter Armut versteht man Personen, die einen Anspruch auf Sozialhilfe haben, diesen jedoch nicht beantragen und somit keine staatliche Unterstützung beziehen. Gründe für eine sogenannte verdeckte Armut sind unterschiedlich. Viele der Menschen wissen nicht, dass ihnen Leistungen zustehen, und/oder denken, dass ihnen vorerst Angehörige Unterhalt zahlen müssten, bevor der Staat einspringt. Anderen Menschen fällt es aufgrund der Scham schwer, soziale Unterstützung zu beantragen. Die Angst, von anderen Menschen als Sozialhilfeempfänger/in[1] abgestempelt zu werden, ist größer als der eigentliche Bedarf an sozialer Unterstützung (vgl. www.caritas.de).

2.2 Von Kinder- zur Altersarmut

Kinderarmut ist zurzeit wohl die verbreiteteste Armutsform in Deutschland. Im März 2007 lebten „fast 1,929 Millionen Kinder unter 15 Jahren (von ca. 11,44 Millionen dieser Altersgruppe insgesamt) in SGB-II-Bedarfsgemeinschaften" (Butterwege 2009, S. 91). Zählt man Kinder aus Sozialhilfehaushalten, Flüchtlingsfamilien und die sogenannte Dunkelziffer hinzu, „lebten etwa 2,8 Millionen Kinder, das heißt mindestens jedes fünfte Kind dieses Alter, auf oder unter dem Sozialhilfeniveau" (ebd.).

[1] Im weiteren Verlauf der Arbeit wird die Geschlechtergerechte Schreibweise verwendet. Dies soll die Gleichstellung der verschiedenen Geschlechter verdeutlichen.

Um Kinderarmut zu bestimmen, erfasst man die Lage der Eltern, welche überwiegend aus dem Einkommen hergeleitet wird. Neben dem Einkommen spielen Lebensbereiche wie Arbeit, Bildung, Wohnen, Gesundheit, Freizeit und soziale Netzwerke in der Armutserscheinung eine Rolle (vgl. Butterwege 2005, S. 102). Fällt das niedrige Einkommen mit weiteren der genannten Bereiche zusammen, „lassen sich Gruppen herauskristallisieren, die von Armut in einem umfassenderen Sinn betroffen sind" (ebd.).

Aufgrund von mangelnden finanziellen Ressourcen werden Ausgaben für die schulische Bildung der Kinder oftmals reduziert, um mit dem Geld die Ausgaben für Ernährung und Wohnung zu verringern (vgl. Butterwege 2002, S. 158). Die langfristige Konsequenz wird für die meisten Kinder und Jugendlichen eine Einschränkung im Bereich der Bildungschancen und deren Teilhabe sein. „Besonders der Übergang von der Grundschule in den Sekundarbereich I ist hierfür entscheidend" (ebd. S. 160). Dieser Übergang kann für die meisten Kinder den biografischen Verlauf beeinflussen. Kinder aus sozial schwachen Familien werden demnach keine oder nur niedrige schulische Bildungsabschlüsse erwerben (vgl. ebd.), und somit kaum Chancen auf dem späteren Arbeitsmarkt bekommen. Arbeitslosigkeit oder Tätigkeiten im Niedriglohnsektor wären die Konsequenz. Je nach Lebenslauf der Menschen, die als Kinder von oder unter dem Sozialhilfeniveau gelebt haben, besitzen ein erhöhtes Risiko, auch während ihrer Erwerbszeit und besonders zum Eintritt in ihre Rente von Armut betroffen zu sein.

Im Jahr 2014 galt jede sechste Person in Deutschland als armutsgefährdet: 16,7 Prozent der Bevölkerung bezog ein Einkommen, das weniger als 60 Prozent des mittleren Einkommens entsprach. Gäbe es keine Sozialleistungen in Deutschland, wäre jede vierte Person in Deutschland armutsgefährdet. Dieser Personenkreis wird im Laufe seines Lebens eine gesetzliche Rente erhalten, welche aufgrund der geringen Einzahlungen der Grundsicherung ähneln wird. Ein kurzer oder langer Zeitraum in bestimmten Lebensphasen dieser Menschen wird von sozialer Ungleichheit und teilweise sozialer Ausgrenzung geprägt. Was diese Begriffe bedeuten, wird im Folgenden beschrieben.

2.3 Soziale Ungleichheit

Formen der sozialen Ungleichheit finden in allen Gesellschaftsformen statt, da es immer einen Besseren und einen Schlechteren, einen Mächtigeren und einen Unterdrückten und/oder einen Wohlhabenden und einen Ärmeren in der Gesellschaft gibt. In einer Gesellschaft, wie es die Bundesrepublik Deutschland ist, haben es zum

Beispiel Geringqualifizierte schwerer, einer Erwerbstätigkeit nachzugehen, als Gut- bis Hochqualifizierte. „Soziale Ungleichheiten betreffen auf der einen Seite die alltäglichen Lebenschancen und Erfahrungen der Einzelnen. Andererseits schaffen soziale Ungleichheiten aber auch gesellschaftliche Probleme und politische Auseinandersetzung, die über die Lebenswelt der einzelnen Menschen hinausreichen" (www.bpb.de).

Zu einer der schlimmsten „Formen sozialer Ungleichheit gehört die Unterscheidung von Zugehörigkeit (Teilhabe) und Ausschluss (oder Ausgrenzung)" (Anhorn 2005, S. 64). Ausgrenzungen finden in kleinen homogenen und/oder heterogenen Gruppen, in der Wirtschaft, in der Kultur, in der Politik und allen Gesellschaften statt. Obwohl diese „dem demokratischen Selbstverständnis und den normativen Grundlagen allgemeiner Menschen- und Staatsbürgerrechte (Gleichheit, Freiheit, Partizipation) widersprechen" (ebd.). Das Phänomen der sozialen Ausgrenzung bzw. Ausschließung ist aufgrund der entstehenden Armut, „der Chancenlosigkeit für viele Menschen" (ebd.) ein Problem in der Gesellschaft geworden, was zu „Spaltungen der modernen Gesellschaft in ein Drinnen und Draußen" (ebd.) geführt hat. Die soziale Ausgrenzung ist die schlimmste Form der sozialen Ungleichheit, welche dem Individuum die Rolle des Nutzlosen in der Gesellschaft widerspiegelt. Die Person findet wenig Zugehörigkeit in Gruppen und bekommt wenig soziale Anerkennung, was den gesellschaftlichen Funktionsbereich stark minimiert (vgl. ebd. S. 67).

Im Jahr 2014 galt jede sechste Person in Deutschland als armutsgefährdet: 16,7 Prozent der Bevölkerung bezog ein Einkommen, das weniger als 60 Prozent des mittleren Einkommens entsprach. Gäbe es keine Sozialleistungen in Deutschland, wäre jede vierte Person in Deutschland armutsgefährdet. Dieser Personenkreis wird im Laufe seines Lebens eine gesetzliche Rente erhalten, welche aufgrund der geringen Einzahlungen der Grundsicherung ähneln wird. Um über die Auswirkungen des Rentensystems auf individuelle Alter(n)sverläufe sprechen zu können, muss erörtert werden, wie die Lebenswelten bei der älteren Bevölkerung gelebt werden.

3 Lebenswelten im Alter

3.1 Lebensweltorientierung

Das Konzept der Lebensweltorientierung ist eine Theorie der Sozialen Arbeit, welche in der Praxis der Sozialen Arbeit dem/der professionellen Sozialarbeiter/in eine Orientierung geben soll. „Das Konzept verknüpft eine spezifische Sicht der Bestimmungsmerkmale heutiger Lebensverhältnisse mit darauf sich ergebenden Konstruktionsprinzipien der Sozialen Arbeit" (Grundwald, Thiersch 2004, S. 13).

Soziale Arbeit konzentriert sich heutzutage nicht mehr nur auf die traditionellen Bereiche der Armut und Menschen in Not. Die Gesellschaft ist von zunehmender sozialer Ungleichheit geprägt, welche einen „wachsenden allgemeinen Bedarf an Hilfe bei der alltäglichen Bewältigung" (ebd. S. 16) benötigt. Soziale Arbeit sieht ihre Aufgabe also darin, ihre Hilfsangebote für alle anzubieten. Somit rückt die „Soziale Arbeit in die Mitte der Gesellschaft" (ebd.). Hierbei wird das Konzept der Lebensweltorientierung benötigt. Lebensweltorientierung bedeutet, den Alltag der individuellen Person zunächst zu kennen und das darauf aufbauende Handeln der Person zu verstehen. Lebenswirklichkeit und Handlungsmuster werden unter dem Aspekt der Alltäglichkeit rekonstruiert (vgl. ebd. S. 18). „Die alltägliche Lebenswelt ist strukturiert durch die erlebte Zeit, den erlebten Raum und die erlebten sozialen Bezüge, in ihr wird pragmatisch Relevantes von Nicht-Relevantem unterschieden; Interpretationen und Handlungen gerinnen zu Alltagswissen und Routinen" (ebd.). Der/die Klient/innen ist immer der/die wichtigste Expert/in für die Wahrnehmung der eigenen Lebenswelt. Die erfahrene Wirklichkeit der Lebenswelt unterscheidet sich von vielen verschiedenen Lebensräumen oder Lebensfeldern. Diese können die Familie, die Arbeit, verschiedene Gruppen (wie Vereine), aber auch die Öffentlichkeit sein. „Indem Menschen im Lebenslauf durch verschiedene dieser Lebensfelder hindurchgehen, bewegen sie sich im Neben- und Nacheinander unterschiedlich profilierter lebensweltlicher Erfahrungen" (ebd. S. 20). Die verschiedenen Lebensfelder erweitern sich mit zunehmendem Alter und werden als positive oder negative Erfahrungen im Kopf abgespeichert, welche das Bewusstsein und das Handeln des Einzelnen bestimmen können.

„Der Mensch wird nicht abstrakt als Individuum verstanden, sondern in der Erfahrung einer Wirklichkeit, in der er sich immer schon vorfindet" (ebd. S. 20). Die Erfahrungen der Wirklichkeit sind in vier Dimensionen eingeteilt: die Dimension der (erfahrenen) Zeit, die Dimension des Raumes, die Dimension der sozialen Bezüge und die Dimension der aktuellen Bewältigungsarbeit.

Lebensweltorientierte soziale Arbeit organsiert sich in Strukturmaximen: Prävention, Regionalisierung, Alltagsorientierung, Integration und Partizipation. Die Aufgabe der Prävention ist es nicht, erst im Notfall zu helfen, sondern schon vorher zu agieren und Bedarfe zu erkennen, um Personen vor einer Krise zu schützen. Regionalisierung beziehungsweise Dezentralisierung sollen vor Ort die Hilfsangebote stärken und einen leichteren Zugang für Klient/innen eröffnen. Die Alltagsnähe meint „die Präsenz von Hilfen in der Lebenswelt" der Klient/innen, also dass diese erreichbar sind und niederschwellige Angebote angeboten werden, um eine breite Masse ansprechen zu können (vgl. ebd. S. 26). Die Integration möchte die Gleichheit des Individuums stärken und somit eine Ausgrenzung verhindern. Partizipation hat die Aufgabe, den Klient/innen soziale Teilhabe und Mitbestimmungen an Prozessen und Planungen zu ermöglichen

3.2 Ab wann ist man alt?

Mit dem Einstieg in das Rentenalter erleben Rentenbezieher/innen eine neue Phase ihres Lebens. Die Phase wird mit dem Altwerden charakterisiert und ist in der Gesellschaft oftmals negativ belastet. Einen alten Menschen stellt man sich meist arm, einsam und häufig krank oder pflegebedürftig vor. Die Frage ist daher: Ab wann ist man alt? Und wie leben alte Menschen? Wer als „alt zu verstehen ist, ist nicht objektiv und allgemein gültig bestimmbar" (Thieme 2008, S. 29). Zunächst wird Alter meist am Lebensalter gemessen, also der „[...] Differenz der Jahre zwischen Geburt und Gegenwart" (ebd.). Hinzu kommt die gesellschaftliche Betrachtung, ab wann man als alt gilt sowie die individuelle Einschätzung einer jeweiligen Person (vgl. ebd.). Um zu definieren, wann Menschen alt sind, ist es daher eher hilfreich, von einem gesellschaftlichen Altersstatus zu sprechen, welcher für die breite Gruppe statt für jeden Einzelnen gilt.

„Die Rede vom Altersstatus schließt ein, dass dieser ein spezieller Status ist" (ebd.). Um diesen Status zu erlangen, musste ein vorheriger abgegeben werden. In dem Fall wäre es der Berufsstatus. Somit tritt die Person vom Berufsstatus in das rentenfähige Alter, den sogenannten Altersstatus ein. Altwerden wäre in dem Fall also mit einem tatsächlichen Datum verbunden und „von der Sonderheit des Individuums unabhängig zu machen" (ebd. S. 33).

Zu Beginn des Renteneintritts sind viele Rentenbezieher/innen sozial und finanziell gut in die Gesellschaft beziehungsweise in ihr soziales Umfeld integriert. Man kann daher „von einer eigenständigen Lebensphase" (Bäcker, Naegele, Bispnick, Hofemann, Neubauer 2010, S. 353) sprechen, da die Zeit während der Rentenphase

„nicht selten 30 Jahre und mehr beträgt" (ebd.). Lebensphasen beginnen aufbauend in der Kindheit, Jugend, Erwachsenenalter bis hin zum Alter. „Während diesen Phasen sind jeweils prägnante Unterschiede hinsichtlich der organischen und psychischen Reife beziehungsweise deren Wachsen oder deren Reduktion festzustellen" (Thieme 2008, S. 34). Zugleich verändern sich „Stellung in der Gesellschaft" (ebd.) sowie „die Position, die Partizipationsmöglichkeiten, die Zugangsmöglichkeiten zu Macht und Einfluss" (ebd.).

Wo nun der Beginn der Lebensphase Alter anfängt, kann man der Fachliteratur nicht entnehmen, da diese variiert. Das Beispiel, dass das Alter nach dem Renteneintritt zu bestimmen ist, ist aufgrund der vielen Frührentner/innen problematisch. Hinzu kommt, dass „obwohl die gesetzliche Festlegung des Rentenalters nicht beliebig ist, sondern den allgemeinen Altersabbau und die Lebenserwartung reflektiert, ist sie letztlich willkürlich gesetzt" (ebd. S. 35).

Man sollte den Fokus einer Definition des Alters daher nicht auf das kalendarische Alter legen, sondern auf das individuelle Alter eines Menschen. Grundsätzlich altert man mit Beginn der Geburt. Der Ablauf des Alterns ist nichtlinear und abhängig von verschiedenen Faktoren (vgl. ebd. S. 36). „Dazu gehören die erbliche Veranlagung, Umweltbedingungen, ausgeübter Beruf, erlittene Krankheiten und Unfälle, ‚Schicksalsschläge', die Art des persönlichen Umgangs damit und die ‚seelische Bewältigung'" (ebd.).

In der Fachliteratur wird häufig mit dem Vollenden des 65. Lebensjahr von alten Menschen gesprochen. „Gelegentlich werden bereits die ab 55jährigen, seltener die ab 50jährigen dazu gezählt" (ebd.).

Die Lebensphase im Alter muss man aufgrund der körperlichen Befindlichkeiten sowie Möglichkeiten der Teilhabe am gesellschaftlichen Leben in verschiedene Altersgruppen der Lebensphase ‚Alter' unterteilen. In den jeweiligen Altersgruppen befinden sich die ‚jungen Alten' (von 60 bis 70), die ‚Alten' (70 bis 80 oder 85) sowie die ‚ganz Alten' oder ‚Hochbetagten' (von 80 bzw. 85) (vgl. Bundesministerium 2001, S. 46).

3.3 Lebenswelten im Alter

Klassische Altersprobleme während dieser Lebensphase sind unter anderem die Zeit, die durch den Erwerbsverlust entstanden ist, nützlich neu zu gestalten. Die Erwerbszeit war oder ist für viele Menschen „ein zentraler Lebensinhalt" (Bäcker, Naegele, Bispnick, Hofemann, Neubauer 2010, S. 354), der mit dem Wegfall neu ersetzt werden muss. Bedingt durch das zunehmende Alter steigt jedoch das Risiko, „dass eine eigenständige und individuelle befriedigende Lebensgestaltung aus vielerlei Gründen nicht oder nur begrenzt möglich ist" (ebd.). Dies stellt für viele Rentenbezieher/innen eine psychische Belastung dar, mit der man lernen muss, umzugehen. Um eine befriedigende Alltagsgestaltung vollziehen zu können, benötigt man im Alter ein ausreichendes Einkommen. Die Quellen der regelmäßigen finanziellen Einkommen können verschieden sein: „Erwerbstätigkeit, Vermögen, staatliche Transferleistungen, gesetzliche Rentenversicherung" (Thieme 2008, S. 29). Es ist die fundamentale Voraussetzung dafür, „dass auch ältere Menschen aktiv und gleichberechtigt am gesellschaftlichen Leben teilnehmen und teilhaben können" (ebd. S. 354). Der Erwerbsverlust kann also nicht nur Schwierigkeiten und Probleme mit sich bringen, sondern kann dem/der Rentenbezieher/in zeitliche Freiräume schaffen, um sich individuell zu entfalten (vgl. ebd.).

Die Gruppe der Rentenbezieher/innen kann man aufgrund der verschiedenen Lebensverhältnisse nicht als eine homogene Gruppe deklarieren. Es gibt unterschiedlichste Lebenslagen im Alter, welche „von einer Vielzahl ineinander greifender und sich verstärkender sozialer, biologischer und psychologischer Einflussfaktoren" (ebd. S. 366) abhängig sind. Ob man als Rentner/innen mit Einschränkungen oder mit vielen Freiheiten im Alter lebt, hängt von der sozialen und finanziellen Stellung während der Erwerbszeit ab. Wer demnach als Arbeitnehmer/in viel in die Rentenkassen einzahlen konnte und privat vorgesorgt hat, ist im Rentenalter besser gestellt als Menschen, die während ihres Erwerbslebens unsichere, abhängige und/oder befristete Arbeitsverhältnisse hatten (vgl. ebd. S. 355). Denn nicht nur materielle Güter sind von Geld geprägt, sondern auch „das Unterhalten sozialer Beziehungen, das Teilhaben an Konsum- und Kulturangeboten macht abhängig von Geld" (Thieme 2008, S. 238). Daher ist die ‚Lebensphase Alter' durch soziale Ungleichheit geformt. Bei finanziellen Einschränkungen im Alter entstehen Konsequenzen wie „häufige Krankheit, Pflegebedürftigkeit und gesellschaftliche Desintegration" (Bäcker, Naegele, Bispnick, Hofemann, Neubauer 2010, S. 355).

Zurzeit befindet sich nur eine Minderheit der Rentenbezieher/innen in einer sozial problematischen Lebenslage (vgl. ebd.). Zu der Minderheit gehören besonders „sehr alte Menschen, darunter viele allein stehende Frauen, [...] ältere Menschen mit niedrigem sozio-ökonomischen Herkunftsmilieu sowie zunehmend [...] solche mit Migrationshintergrund" (ebd.). Außerdem ist zu beachten, dass es regionale Unterschiede gibt wie „z. B. in den Arbeitsmarkt- und Beschäftigungschancen oder

Disparitäten in den Angebots- und übrigen Versorgungsstrukturen mit sozialen Diensten zu sozialen Ungleichheiten im Alter" (ebd.).

Neben der finanziellen Ausgangslage im Alter sind soziale Netzwerke besonders wichtig in der Lebenswelt der Älteren. Das Familien- und Freundesumfeld spielt im Alter eine zentrale Rolle. Dieses bietet soziale Integration sowie emotionale und instrumentelle Unterstützung (vgl. ebd. S. 373). Aufgrund von Krankheiten, Umzug, Tod und/oder Einschränkungen im Aktionsradius der Kontaktpersonen werden soziale Kontakt mit zunehmen Alter weniger und vorhandene Kontakte immer wichtiger (vgl. Kleiner 2012 S. 30).

Eine weitere zentrale Rolle spielt die Form des Wohnens im Alter. Im Alter wird die meiste Zeit zu Hause verbracht (vgl. Bäcker, Naegele, Bispnick, Hofemann, Neubauer 2010, S. 374). Der Wunsch der meisten älteren Menschen ist es, eine selbstständige Lebensführung in ihren eigenen vier Wänden zu erhalten. Daher sind rund „40 % der Älteren" in ihrem eigenen Wohneigentum (vgl. ebd.). Der eigene Haushalt stellt für ältere Menschen Selbstständigkeit, Eigenständigkeit und Selbstverantwortung dar und gibt den Menschen eine Art Sicherheit. Außerdem wird der eigene Haushalt ein zentraler Ort, wo soziale Kontakte gepflegt werden, welches daher eine bedeutende Rolle in der Lebenswelt für die Älteren darstellt.

Demgegenüber gewinnen auch andere Formen des sogenannten Gemeinschafts-, Generations- oder Servicewohnens an Bedeutung (vgl. ebd. S. 375). Diese Formen sollen die Selbstständigkeit der Mitbewohner/innen bis ins hohe Alter fördern und unterstützen. Die Unterstützungen variieren je nach Wohn- und Dienstangeboten. Oftmals sind diese Wohngemeinschaften, welche häufig auch generationsgemischt sind, mit Sozial- und Pflegediensten vernetzt, um eine bedarfsgerechte Unterstützung zu gewährleisten.

Neben der Wohnform spielen im Alter auch soziale Beziehungen eine wichtige Rolle. Soziale Beziehungen sind im Alter unter anderem von der Familienstruktur abhängig. Nach dem Auszug der Kinder aus dem Elternhaus, dem Eintritt ins Rentenalter sowie der möglichen Verwitwung können bedeutende Rollenverluste eintreten. Demgegenüber können eigene Kinder sowie deren Kinder bestimmte Rollen ersetzen oder kompensieren.

Zwar haben Familie und Verwandtschaft im Alter unter den sozialen Beziehungen Priorität, doch auch Freunde, Nachbarn und Bekannte spielen in sozialen Netzwerken eine wichtige Rolle (vgl. ebd. S. 72).

Die familiären Beziehungen sind im Alltag bedeutsam für die physische Unterstützung. Freundschaftsbeziehungen hingegen vermitteln soziale Anerkennung. Nachbarn können bei kleineren häuslichen Problemen aushelfen. Bekannte und Vereinskameraden sind dagegen als Funktion für soziale Kontakte da und können die Freizeit mitgestalten (vgl. ebd.).

Die Gesundheit und das damit einhergehende Wohlbefinden spielen im Alter eine besonders wichtige Rolle. Die Lebenslage der älteren Menschen wird nämlich vom jeweiligen Gesundheitsstand geprägt. Krankheiten gewinnen im zunehmenden Alter immer mehr an Bedeutung, da diese in unterschiedlichem Maße die Selbstständigkeit älterer Menschen beeinflussen können. Viele Krankheiten, die dem Alter zugeschrieben werden, sind Prozesse, die das Altern begleiten und eigentlich schon im jüngeren Alter vorhanden waren, sich während des Alterns jedoch akuter abzeichnen (vgl. Backes/Clemens 1998, S. 183). ‚Primäre Alterskrankheiten', die im Alter erstmals auftreten, sind unter anderem Altersdiabetes, Arteriosklerose und degenerative Veränderungen des Bewegungsapparats (vgl. ebd.). „Akute Erkrankungen haben im Alter oft einen schwereren Verlauf oder werden schwerer bewältigt, denn der Organismus braucht länger zur vollständigen Genesung" (ebd.). Krankheiten können unabhängig voneinander und gleichzeitig auftreten, was als Multimorbidität[2] bezeichnet wird. Dies verdeutlicht die Problematik von Diagnosen und Therapie in der Geriatrie, da nicht immer festzustellen ist, welche Krankheiten welche Ursache haben. Durch Multi-morbidität können Abhängigkeiten entstehen, welche die Lebenslage und Lebenswelt beeinträchtigen und die Unterstützung von Angehörigen oder Pflegekräften benötigen (vgl. ebd.).

Die Lebenswelt wird unteranderem auch durch das Einkommen bestimmt, welches daher ebenso wichtig für Rentenbezieher/innen im Alter ist.

„Rund 2/3 der Alterseinkünfte sind Einkünfte aus der gesetzlichen Rentenversicherung" (Aner, Karl 2010, S. 290). Betriebliche und private Altersvorsorge machen knapp 21 Prozent der Alterseinkünfte aus. Kapitalerträge wie zum Beispiel aus Geldanlagen und monatlichen Mieteinnahmen machen durchschnittlich sieben Prozent der Einkünfte aus (vgl. ebd.). „Einkommen aus Erwerbstätigkeit mit durchschnittlich vier Prozent und aus Sozialtransfers mit durchschnittlich einem Prozent spielen nur eine geringe Rolle" (ebd.), was sich jedoch aufgrund der Rentenreform 2005 ändern kann.

[2] gleichzeitiges Bestehen mehrerer Krankheiten bei einem Patienten (www.duden.de)

3.4 Zusammenfassung der Lebenswelten im Alter

Zusammenfassend lässt sich sagen, „dass es keine festgelegten, standardisierten Lebensentwürfe und Lebenswege und auch keine verbindlichen Aufgaben oder Funktionen mehr für die Altersphase gibt. [...] Gleichzeitig erhöhen sich die Vorgaben, Regelungen, Zwänge und Bestimmungen gesellschaftlicher Institutionen (wie zum Beispiel Rentenversicherung, Pflegeversicherung etc.) ohne jedoch gleichzeitig orientierende Leitbilder zu vermitteln" (Zippel, Kraus 2009, S. 35). Das bedeutet also, dass die Altersphase individuell ausgelebt werden kann, gleichzeitig jedoch strikte Bedingungen nach sich zieht und vom vorherigen Erwerbsleben sowie der familiären Struktur abweichen kann.

4 Das System der Deutschen Rentenversicherung

4.1 Geschichtliche Entwicklungen des Rentenversicherungssystems

Durch die industrielle Revolution des 19. Jahrhunderts wurde die Klasse der „Arbeiter/innen“ geschaffen, welche keine sozialen Absicherungen besaßen. Arbeiter/innen, die Invalide oder aus Altersgründen nicht mehr arbeiten konnten, lebten unter prekären Lebenslagen.

Aufgrund des wachsenden Einflusses der Sozialdemokratie fühlte sich Kaiser Wilhelm I. auf Anraten von Reichskanzler Bismarck in der Verantwortung, ein Gesetz zum Schutz der Arbeiter/innen gegen Krankheit, Unfall, Invalidität und im Alter zu beschließen. Der Reichstag verabschiedete daraufhin 1883 das Krankenversicherungsgesetz, 1884 das Unfallversicherungsgesetz und 1889 das Invaliditäts- und Altersversicherungsgesetz, welches am 01.01.1891 in Kraft trat und als Start der gesetzlichen Rentenversicherung angesehen wird (vgl. Pfaffenbach 2009, S. 15).

Im Jahre 1890 wurden 31 Versicherungsanstalten als Träger der Invalidenversicherung errichtet. Sie zahlten ab 1891 Invalidenrenten an Versicherte, wenn diese "dauernd erwerbsunfähig" waren. Altersrenten wurden erst mit Vollendung des 70. Lebensjahres bewilligt und galten eher als „Ausgleich für geringere Verdienstmöglichkeit wegen nachlassenden körperlichen Möglichkeiten, jedoch nicht als Altersruhegeld wie wir es heute kennen“ (ebd.).

Eine Hinterbliebenenrente gab es in dieser Zeit noch nicht.

Die Renten wurden durch gleich hohe Beiträge der Versicherten und Arbeitgeber sowie durch einen Reichszuschuss – eine Regelung, die sich im Prinzip bis heute erhalten hat – finanziert.

Das Rentensystem gründet sich auf das Kapitaldeckungsprinzip. Demnach sollen die Leistungen durch das Ansparen jede/n einzelne/n Versicherte/n abdecken und ihnen im Rentenalter ausgezahlt werden. Nach dem Ersten Weltkrieg wurden die Reserven durch die Hyperinflation weitgehend entwertet. Das Vermögen der Deutschen Rentenbank ist auf 86 Prozent zusammengeschmolzen. Leistungskürzungen waren infolge der Weltwirtschaftskrise von 1929 bis 1933 außerdem unvermeidlich. Dennoch blieb das Rentensystem, wie es war. Die Rente hatte in der Zeit eine weitgehende Unterstützungsfunktion im finanziellen Leben der Menschen. Nach dem Zweiten Weltkrieg wurden mangels Rücklagen in der Rentenversicherung Beiträge vom Staat bezuschusst (vgl. http://www.deutscherentenversicherung.de).

Die Erfahrungen der deutschen Gesellschaft mit Inflation und Kriegslasten waren auch ein einschneidender Grund für „die grundlegende Neugestaltung der Altersversorgung durch die Rentenreform 1957, insbesondere den Übergang zum (modifizierten) Umlageverfahren" (Pfaffenbach 2009, S. 16).

Rentenreform - Umlageverfahren

„Konrad Adenauer kündigte nach seiner Bestätigung als Kanzler durch die Bundestagswahl 1953 eine >umfassende Sozialreform< an, mit der alle bisher noch benachteiligten Gesellschaftsschichten besser abgesichert werden sollten" (Butterwegge 2012 S. 14). Dies beschränkte sich nach langen Regierungsverhandlungen auf den Bereich der Alters- und Invaliditätssicherung.

Während seines zweiten Wahlkampfes im Jahre 1957 war sein Wahlprogram von dem Thema des Umlageverfahrens geprägt. Mit der Unterstützung seiner Partei (CDU), der FVP und der SPD wurde die Rentenreform nach dem Wahlsieg Adenauers beschlossen (vgl. ebd.). „Das seit der Bismarck Zeit angewandte Kapitaldeckungsprinzip wurde durch ein modifiziertes Umlageverfahren ersetzt und die Altersrente dynamisiert, das heißt der Lohn- und Gehaltsentwicklung angepasst. Während man die Arbeiter/innen im Leistungsrecht den Angestellten gleichstellte, entfielen Mindestrenten, Grundbeträge und die Möglichkeit einer freiwilligen Mitgliedschaft" (ebd.). Das Grundprinzip der Altersversorgung wurde überarbeitet. „So sollte die Altersrente nicht mehr der Überlebenshilfe dienen, sondern sie bekam nun die „Lohnersatzfunktion", sprich der eigenständigen Versorgung im Alter" (Pfaffenbach 2009, S. 16).

In dieser Zeit herrschte noch viel Armut. Besonders betroffen von Armut und sozialer Ausgrenzung waren ältere Frauen, die keine oder nur wenige Rentenansprüche hatten (vgl. Butterwegge 2012, S. 14). Die Rentenreform konnte nicht sofort allen Menschen aus der Armut helfen, für Arbeitnehmer/innen mit geringen Einkommen war die Rente weiterhin ein Zuschuss (vgl. ebd. S. 15). „Das relativ kontinuierliche Wachstum der Wirtschaft, die allgemeine Wohlstandsentwicklung und der Systemgegensatz zwischen Kapitalismus oder Staatssozialismus schufen in den 1950er- und frühen 1960er- Jahren ein für die Rentenpolitik ausgesprochen günstiges Klima", (ebd.), und die Leistungen gegen eine soziale Ausgrenzung und Benachteiligung konnten erhöht werden. Viele der Sozialreformen in den 50er- und 60er-Jahren in Westdeutschland wurden von der Zweistaatlichkeit und dem anders existierenden Gesellschaftssystem geprägt. Die Bundesregierung wurde zu einem sozialeren Profil gezwungen, als „dies vermutlich ohne diese Konstellation der Fall gewesen wäre“ (ebd.).

Zweite Rentenreform – Willy Brandt

Mit der Rentenreform von 1972 wurden die Leistungen und der Kreis der Berechtigten der staatlichen Alterssicherung unter Bundeskanzler Willy Brandt ausgeweitet. Das allgemeine Rentenniveau wurde erhöht und eine Mindestrente eingeführt. Außerdem erfolgte die Öffnung des staatlichen Rentensystems für Selbstständige und Hausfrauen. Müttern wurde bei der Rentenberechnung ein Babyjahr angerechnet (vgl. ebd. S. 16). Auch die flexible Altersgrenze wurde für Arbeitnehmer/innen ab 63 Jahren eingeführt. Die Reform hatte das Ziel, die Altersarmut in Deutschland zu verringern. Der Beitragssatz betrug weiterhin 17 Prozent.

90er-Jahre

Ab dem 1. Januar 1992 ist das Gesetz zur Reform der gesetzlichen Rentenversicherung in Kraft getreten. Dies brachte den Versicherten spürbare finanzielle Einschränkungen, da die Rente an den Nettolohn angepasst wurde, und nicht mehr vom vorherigen Bruttolohn abhing (vgl. ebd. S. 17). Außerdem wurde die Altersgrenze für „den Renteneintritt von Frauen schrittweise auf 65 Jahre“ (ebd.) angehoben und „führte Abschläge von 0,3 Prozent pro Monat bei vorzeitigem Rentenbezug ein, die bis zum Tod wirksam sind“ (ebd. S. 18). Der Beitragssatz betrug im Jahr 1992 weiterhin 17 Prozent.

Reform 2001

Unter Bundeskanzler Schröder und der Zustimmung von CDU/CSU und FDP wurde „kurz vor dem Jahrtausendwechsel“ (ebd. S. 19) eine Neuordnung der Invalidenrente beschlossen. „Durch den miteinander gekoppelten Wegfall der Berufsunfähigkeits- und die Einführung der Erwerbsminderungsrente gingen die gesetzlichen Lohnnebenkosten zwar zurück“ (ebd.). Dafür nahmen aber die Probleme jener Menschen, die ihren erlernten Beruf krankheitsbedingt nicht mehr ausüben konnten, dramatisch zu (vgl. ebd.). Arbeitnehmer/innen, die ein „hohes Risiko“ darstellen oder schwere Vorerkrankungen haben, bleiben seither ohne Versicherungsschutz und erhalten bei privaten Anbietern durch die Vorerkrankungen schlechtere Konditionen (vgl. ebd.). Einen Monat später brachte das Parlament die Riester-Rente auf den Weg, „mit der ein doppelter Paradigmenwechsel in der Sozialpolitik verbunden war“ (ebd.). Es stand nicht mehr der nach 1945 aufgebaute Wohlfahrtsstaat mit dem Ziel der Lebensstandardsicherung, sondern das Ziel des wirtschaftsstarken Deutschlands im Fokus (vgl. ebd.). Der Staat unterstützt und fördert seither die private Altersvorsorge durch direkte Zuschüsse oder Steuererleichterungen und kürzte gleichzeitig ihre eigenen Rentenleistungen. Somit lief die rot-grüne Rentenreform auf eine „(Teil-) Privatisierung" in der Altersvorsorge hinaus. Zwar ist die Umlagefinanzierung immer noch dominierender Bestandteil, wird jedoch durch den Ausbau der betrieblichen und privaten Vorsorge ein Mischsystem (vgl. Pfaffenbach 2009, S. 23).

Die Rentenreform 2001 bezweckte die Verlagerung der Alterssicherung vom Umlageverfahren hin zu einem kapitalgedeckten System, welches aus drei Säulen besteht. Die erste Säule soll die gesetzliche Rentenversicherung sein, die von Jahr zu Jahr weniger Anteil an der Alterssicherung haben soll. Die betriebliche Altersvorsorge bildet die zweite Säule, welche durch die Rentenreform 2001 gestärkt wurde und bis ins Jahr 2050 auf 31 Prozent ansteigen soll. Die dritte Säule soll die staatlich geförderte private Rentenvorsorge darstellen, welche ebenfalls die Kürzung der ersten, gesetzlichen Säule abfangen soll (vgl. Abbildung 1).

Gesetzliche Rentenversicherung	**Betriebliche Altersvorsorge**	**Private Altersvorsorge**
2003: 86%	2003: 8%	2003: 6%
2020: 81%	2020: 13%	2020: 6%
2050: 56%	2050: 31%	2050: 13%

Abbildung 1: Die drei Säulen der Alterssicherung in Deutschland
Quelle: Pfaffenbach 2009, S.24

Rentenkürzung durch Lebensarbeitszeitverlängerung

„Die nach der Bundestagswahl 2005 gebildete zweite große Koalition machte gleich zu Beginn deutlich, dass mit Rentenerhöhungen vorläufig nicht zu rechnen sei" (Butterwegge 2012, S. 23). Eine Rentenkürzung wurde anfangs ebenso nicht in Betracht gezogen. 2007 jedoch wurde statt einer Rentenerhöhung oder Kürzung die gesetzliche Grundlage beschlossen, dass ab 2012 die Regelaltersgrenze von 65 auf 67 Jahre angehoben wird, um somit die Ausgaben zu reduzieren (vgl. ebd. S. 24). „Nur wer mehr als 45 Jahre lang Pflichtbeiträge zur gesetzlichen Rentenversicherung entrichtet hat, kann seine Altersrente weiterhin abschlagfrei mit 65 Jahren beziehen" (ebd. S. 25). Die von der aus CDU, CSU und FDP bestehenden regierenden Koalition am 1. Januar 2012 eingeleitete Anhebung des gesetzlichen

Rentenzugangsalters bedeutet für viele Menschen eine weitere Kürzung der Rente. Die Kürzungen betreffen Menschen, die vorzeitig aus dem Berufsleben ausscheiden und daher Abschläge bzw. höhere Abschläge als bislang hinnehmen müssen.

4.2 Grundlagen der Altersvorsorge in der gesetzlichen Rentenversicherung heute

Die Mitgliedschaft in der gesetzlichen Rentenversicherung knüpft gemäß § 1 S. 1 SGB VI grundsätzlich an die Ausübung einer sozialversicherungspflichtigen Beschäftigung an (vgl. Gesetze für Sozialberufe 2015, S. 698). Die erhobenen Beiträge der Versicherten werden zur Finanzierung der aktuellen, bedürftigkeitsunabhängig gewährten Rentenleistungen herangezogen. Grundsätzlich beinhaltet die gesetzliche Rentenversicherung sowohl das Versicherungsprinzip als auch den Gedanken des sozialen Ausgleichs (vgl. Butterwege, Bosbach, W. Birkwald 2012, S. 42). Ziel der Rentenversicherung ist die Sicherstellung eines Einkommens, aus dem der/die Leistungsberechtigte seinen/ihren Lebensunterhalt bestreiten kann. Die Leistungen der gesetzlichen Rentenversicherung sollen die Risiken des Alters, der Erwerbsminderung sowie der Hinterbliebenenschaft abdecken.

Die Berechnung der individuellen Rente richtet sich gemäß §§ 64 Nr. 1, 66 SGB VI nach den persönlichen Entgeltpunkten (vgl. Gesetze für Sozialberufe 2015, S. 719). Entgeltpunkte spiegeln zum einen das Verhältnis des individuellen Erwerbseinkommens der versicherten Person zum Durchschnittseinkommen aller Versicherten wider. Andererseits werden Entgeltpunkte auch für beitragsfreie Zeiten ermittelt. Die persönlichen Entgeltpunkte fassen die gesamte rentenrechtlich relevante Erwerbs- und Versichertenbiografie zusammen.

Die Rentenformel: Monatsrente in Euro = Ep x aRW x RaF x ZF[3]

„Entgeltpunkte (EP) werden jeder/m Versicherten für ihre/seine Beiträge gutgeschrieben. Je höher das Gehalt ist, umso höher ist die monatliche Beitragssumme und entsprechend sind es auch die gutgeschriebenen Entgeltpunkte“ (Thieme 2008 S. 128).

„Der aktuelle Rentenwert (aRW) ist ein Geldbetrag, der jedes Jahr nach seiner Formel (Rentenanpassungsformel) neu berechnet und der volkswirtschaftlichen Lohnentwicklung angepasst wird“ (ebd.).

[3] EP= Entgeltpunkte, aRW= aktueller Rentenwert, RaF= Rentenartfaktor, ZF= Zugangsfaktor

„Der Rentenartfaktor (RaF) stuft die Rentenhöhe danach ab, welche Rentenart beantragt wird" (ebd.).

„Der Zugangsfaktor (ZF) berücksichtigt das Alter der Versicherten Person bei Rentenbeginn. Er mindert die Rente bei vorzeitigem und erhöht sie bei späterem Rentenbeginn. Die Regelaltersgrenze beträgt derzeit 65 Jahre" (ebd.). 2008 wurde von der Bundesregierung beschlossen, dass das Rentenalter Stufenweise von 65 Jahre auf 67 Jahre bis zum Jahr 2031 angehoben wird.

Grundsicherung

Die Grundsicherung gehört nicht zur Rente, wird jedoch von vielen Rentenbezieher/innen in Anspruch genommen und daher erläutert.

Die Grundsicherung wird dann gezahlt, wenn das Einkommen (Rente und andere Einnahmequellen) nicht für den Lebensunterhalt der Person ausreicht. Die Grundsicherung soll den notwendigen Lebensunterhalt, die Aufwendung für Unterkunft und Heizung, die Kranken- und Pflegeversicherungsbeiträge sowie Vorsorgebeiträge decken.

Alleinstehende erhalten ab dem 1. Januar 2017 einen monatlichen Betrag von 409 Euro.

4.3 Grundlagen der Altersvorsorge in der Beamtenversorgung

Beamt/innen haben kein Anrecht auf die gesetzliche Rentenversicherung. Sie sind gemäß § 5 (1) Nr. 1 SGB VI versicherungsfrei (vgl. Stascheit 2015, S. 700). Neben dem Ausschluss aus der gesetzlichen Rentenversicherung können Beamte in eine betriebliche Vorsorge oder die Förderung einer privaten Vorsorge wahrnehmen (vgl. Janda 2016, S. 5). Der Dienstherr im Falle der Beamt/innen, der Staat oder das jeweilige Bundesland haben die Verpflichtung des Alimentationsprinzips. Dies verpflichtet den Dienstherren, den Beamt/innen während des aktiven Arbeitsdienstes, bei Erkrankungen und Erwerbsunfähigkeit sowie dem Ausscheiden aus dem aktiven Dienst aufgrund des Alters einen amtsangemessenen Dienstbezug zu gewähren.

Im Gegensatz zu den Leistungen der Rentenversicherung, die sich an den Einkommen des kompletten Erwerbslebens orientieren, richten sich die Bezüge im Alter bei Beamt/innen nach dem letzten Amt, das sie innehatten.

„Im Unterschied zum Rentenversicherungsrecht ist im Beamtenrecht ein Rechtsanspruch auf eine Mindestversorgung gewährleistet. [...] Voraussetzung ist, dass die Beamtin/der Beamte eine mindestens fünfjährige Dienstzeit absolviert hat oder zuvor dienstunfähig geworden ist" (ebd. S. 7). Der Rentenversorgung der Beamt/innen liegen keine Beitragsleistungen zugrunde, da das Einkommen während der Erwerbszeit „aus dem Haushalt der Anstellungskörperschaft, also aus Steuermitteln, finanziert wird" (ebd.) und die anschließende Pension ebenfalls von Steuern finanziert wird.

4.3.1 Gesetzliche Rentenversicherung und Beamtenversorgung im Vergleich

Die gesetzliche Rentenversicherung und die Beamtenversorgung unterscheiden sich stark. Grundsätzlich wird in der Altersvorsorge zwischen der Regelsicherung, der sogenannten ersten Säule, der ergänzenden zweiten Säule sowie der privaten Zusatzsicherung, der dritten Säule unterschieden. Während in der ersten Säule die Regelsicherung die Basis der Rente bildet, wird in der zweiten Säule die betriebliche Vorsorge organsiert. In der dritten Säule sollten Arbeitnehmer/innen eine private und individuelle Vorsorge treffen, um ihre gesetzliche sowie betriebliche Rente aufstocken zu können.

Während die Leistungen der gesetzlichen Rentenversicherung nur der ersten Säule zuzuschreiben sind, nimmt die Beamtenversorgung sowohl auf die erste als auch auf die zweite Säule Bezug. (vgl. ebd. S. 8)

Beiden Systemen liegt das Verfahren der Umlagefinanzierung zugrunde, wonach die Einnahmen einer Periode die Ausgaben dergleichen Periode decken sollten. Während die in einer Periode für die Beamtenversorgung anfallenden Ausgaben aus dem allgemeinen Steueraufkommen derselben Periode finanziert werden, basieren die Einnahmen der gesetzlichen Rentenversicherung auf einkommensbezogenen Beitragszahlungen der Versicherten sowie verschiedenen Bundeszuschüssen. Da ein prozentual relativ großer Anteil der erwerbstätigen Bevölkerung in der gesetzlichen Renten-versicherung versichert ist und ein Großteil der älteren Bevölkerung Leistungen der gesetzlichen Rentenversicherung erhält, wird das der gesetzlichen Rentenversicherung zugrundeliegende Finanzierungsverfahren insbesondere in der politischen Diskussion häufig als Generationsvertrag charakterisiert. Leicht zusammengefasst bekommen also Rentenempfänger/innen so viel Rentenleistung, wie Arbeitnehmer/innen mit ihrem Gehalt in die Rentenversicherung einzahlen. Die Beamtenversorgung hingegen bezieht ihre Einnahmen für die Pensionär/innen aus direkten und indirekten Steuern.

5 Demographischer Wandel

Der demographische Wandel ist ein sehr komplexes Thema, welches verschiedene Komponenten hat.

Der demographische Wandel ist sehr individuell und von Kommune zu Region unterschiedlich. Die wichtigsten Bestandteile des demographischen Wandels sind:

> „1. die veränderte Dynamik des Bevölkerungswachstums;
>
> 2. die Veränderung der Altersstruktur
>
> 3. die wachsende Internationalisierung der Bevölkerung
>
> 4. die Individualisierung der Bevölkerung, wobei immer mehr Menschen allein oder mit lediglich einer weiteren Person zusammenleben" (Horn 2007, S. 27).

Die vier Komponenten können sich gegenseitig beeinflussen und unmittelbar zusammengehören.

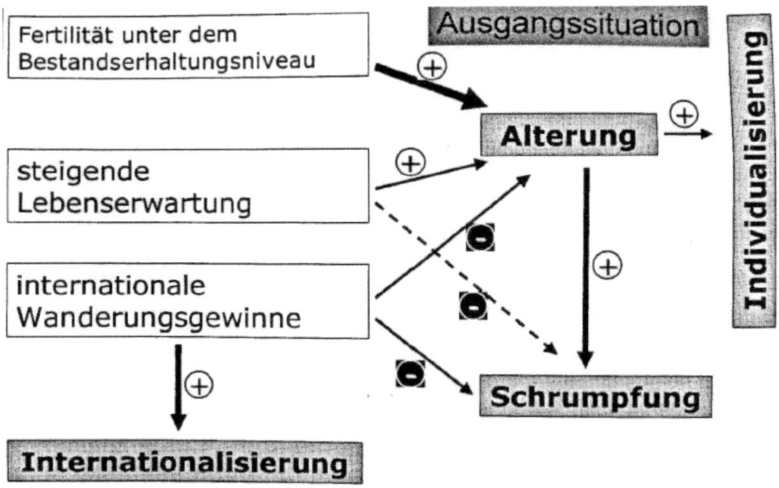

Abbildung 2: Die Komponenten des demographischen Wandels - Ursachen und Wechselwirkungen
Quelle: Horn 2007, S. 28

In der Abbildung 2 sieht man, dass eine Alterung der Gesellschaft immer eine Bevölkerungsabnahme zur Folge hat. Die Bevölkerungsabnahme kann durch Zuwanderungen verlangsamt oder vermieden werden. Außerdem kann man erkennen, dass die Zuwanderung den Alterungsprozess der Gesellschaft verlangsamen kann.

In den kommenden Abschnitten werden die einzelnen Bestandteile des demographischen Wandels beschrieben.

5.1 Entwicklungen der Bevölkerung

Laut den Bevölkerungsvorausberechnungen vom Statistischen Bundesamt werden in Deutschland bis zum Jahr 2030 75,5 Millionen Menschen in der Bundesrepublik leben (siehe Abbildung 2). Im Jahre 2060 kann die Bevölkerung sogar bis auf 62 Millionen Menschen zurückgehen (vgl. www.bpb.de).

Auslöser dieser Entwicklung des gesellschaftlichen Wandels sind verschiedene Faktoren. Die Lebenserwartung steigt durch das verbesserte Gesundheitssystem, die medizinische Versorgung und die technische Erleichterung bei der Arbeit seit Jahrzehnten. Hinzu kommt, dass die Geburtenrate seit 150 Jahren sinkt (vgl. Barlösius 2007, S. 11). „Im Rahmen der 10. koordinierten Bevölkerungsvorausberechnung des Statistischen Bundesamtes (2003) wurden verschiedene Prognosevarianten zur Bevölkerungsentwicklung für die nächsten 50 Jahre erstellt, die sich durch unterschiedliche Annahmen zur Höhe der künftigen Lebenserwartung" (Tesch-Römer 2006, S. 14) und der Geburtenrate auszeichnen.

Das Statistische Bundesamt beurteilt in den meisten Varianten einen langfristigen Schwund der Gesamtbevölkerungsgröße. Insgesamt weichen alle neun Varianten stark voneinander ab, drei Modellvarianten lassen sogar einen künftig geringen Anstieg der Bevölkerungszahl annehmen. In den nächsten Abschnitten wird immer von der Variante fünf, der mittleren Variante, gesprochen. Diese zeigt die Ergebnisse, die schon in den letzten drei Jahrzenten des vergangenen Jahrhunderts festgestellt worden sind. Die Zahl der Todesfälle wird die Zahl der Geburten deutlich überschreiten und die Bevölkerungszahl wird bei zusätzlicher Zuwanderung sukzessiv absinken (vgl.).

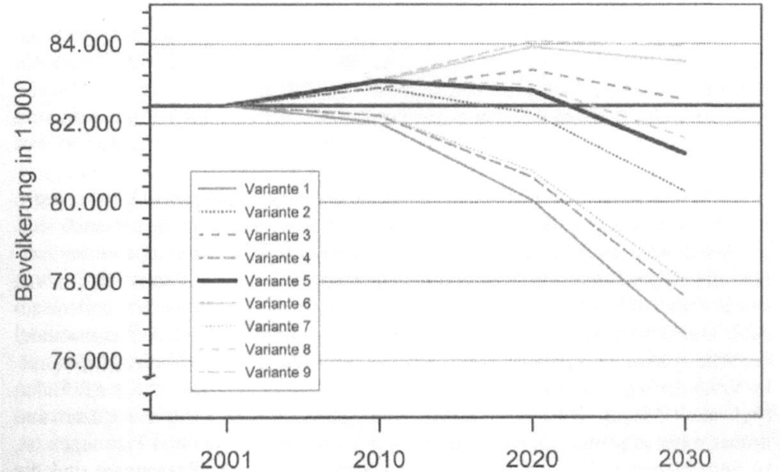

Abbildung 3: Geschätzte Entwicklung der Bevölkerung bis 2030
Quelle: Statistisches Bundesamt (2003) z.i. Tesch-Römer 2006, S. 15)

Die Prognosen aller Modellvarianten unterscheiden sich deutlich und werden bei einer Bevölkerungszahl von 84 Millionen bis zum Jahr 2030 bis auf 75,5 Millionen Menschen absinken. Daher sind die Schätzungen der Entwicklung der Bevölkerung nur Mutmaßungen und von Ungewissheit bestimmt, was nichtsdestotrotz eine alternde Gesellschaft nicht bestreiten lässt. In den folgenden Punkten werden die Gründe dessen beschrieben.

5.1.1 Entwicklung der Geburtenrate

Die abnehmende Geburtenrate bildet einen Teil des demographischen Wandels ab und stellt die Rentenversicherung vor eine große Aufgabe. Durch weniger Nachwuchs in der deutschen Bevölkerung sinken die Zahlen der möglichen neuen Beitragszahler/innen. Von Generation zu Generation werden die Zahlen der Beitragszahler/innen somit geringer (vgl. Pfaffenbach 2009, S. 31).

Um die Bevölkerungszahl in Deutschland konstant zu halten, würde ein Wert von 2,1 Kindern je Frau erforderlich sein (siehe Abbildung 4). Dieser Schnitt wurde für die führenden Industriestaaten, insbesondere in Europa ausgerechnet (vgl. S. 31-32).

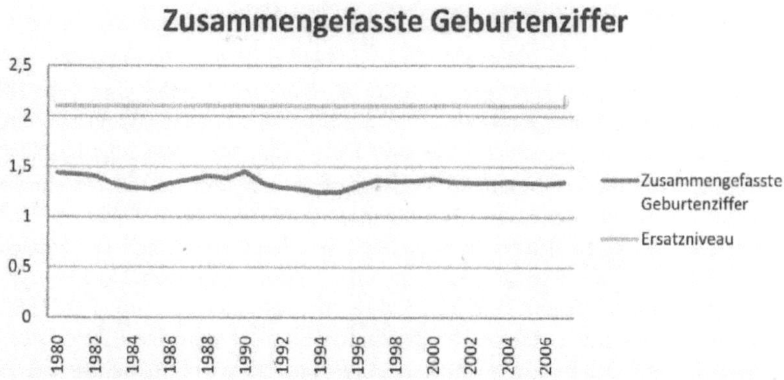

Abbildung 4: Zusammengefasste Geburtenziffer in Deutschland
Quelle: Pfaffenbach 2009, S. 32

Die Fertilitätsrate[4] in Deutschland liegt jedoch schon seit vielen Jahren relativ gleichbleibend erheblich unter diesem Ersatzniveau (vgl. ebd. S. 32). Dies ist allerdings nicht nur ein deutsches Problem, wie die Fertilitätsrate im internationalen Vergleich in Abbildung 5 zeigt.

[4] „Die zusammengefasste Fruchtbarkeitsziffer bzw. Fertilitätsrate ist ein in der Demografie verwendetes Maß, das angibt, wie viele Kinder eine Frau durchschnittlich im Laufe des Lebens hätte, wenn die zu einem einheitlichen Zeitpunkt ermittelten altersspezifischen Fruchtbarkeitsziffern für den gesamten Zeitraum ihrer fruchtbaren Lebensphase gelten würden" (www.wikipedia.de).

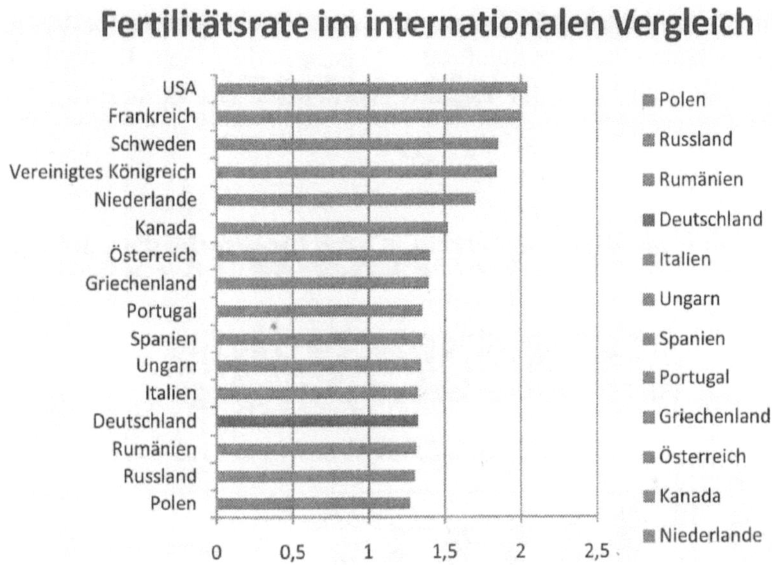

Abbildung 5: Fertilitätsrate im internationalen Vergleich
Quelle: vgl. Pfaffenbach 2009, S. 34

Das Statistische Bundesamt, die Kommission für Nachhaltigkeit in der Finanzierung der sozialen Sicherungssysteme und der Sachverständigenrat zur Begutachtung der gesamtwirtschaftlichen Entwicklung sind sich einig, dass man in der Zukunft mit einer Fertilitätsrate bei einem Wert von 1,4 rechnen kann (vgl. ebd. S. 34).

Aufgrund des Nicht-Erreichens des Ersatzniveaus von 2,1 Kindern kann davon ausgegangen werden, dass von Generation zu Generation weniger Rentenbeiträge von den gesetzlichen Rentenversicherungen ausgeschüttet werden.

5.1.2 Entwicklung der Lebenserwartung

Als zweiter Teil des demographischen Wandels zählt die steigende Lebenserwartung. Diese belastet das Alterssicherungssystem drastisch, da die Rentenbezugsdauer automatisch mit steigt und es daher zu hohen Steigerungen der Rentenausgaben kommt.

In der Abbildung 6 ist erkennbar, dass die Lebenserwartung von Neugeborenen stetig steigt.

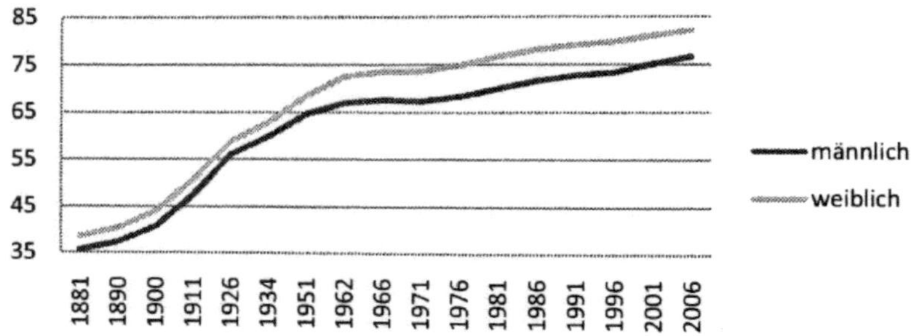

Abbildung 6: Lebenserwartung Neugeborener in der Prognose
Quelle: vgl. Pfaffenbach 2009, S. 36

In der Abbildung 7 ist die Restlebenserwartung 65-Jähriger zu sehen.

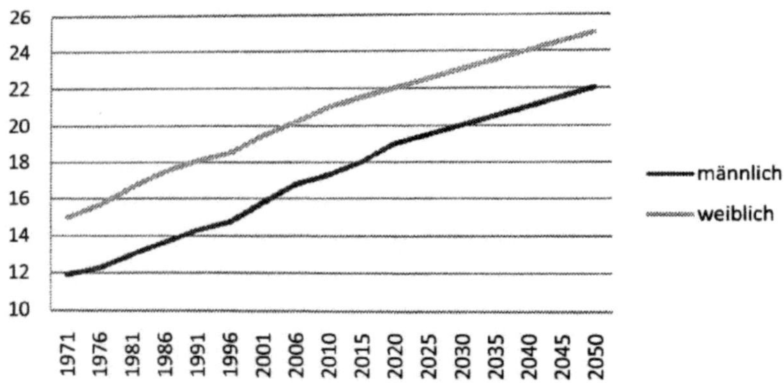

Abbildung 7: Restlebenserwartung 65-Jähriger in der Prognose
Quelle: vgl. Pfaffenbach 2009, S. 38

Im Laufe des vergangenen Jahrhunderts hat das durchschnittlich zu erwartende Lebensalter beträchtlich zugenommen. „Die gestiegene Lebenserwartung lässt sich auf mehrere Gründe zurückführen, welche sich im Allgemeinen mit „Lebensstandardverbesserung" überschreiben lassen. Im Einzelnen zählen hierzu eine verbesserte medizinische Versorgung, gesunkene Kindersterblichkeit, verbesserte Pflege im Alter, gesündere und ausreichende Ernährung, gesunkene Arbeitsbelastungen (Tagesarbeitszeit), Arbeitsschutzmaßnahmen und hoher allgemeiner Wohlstand" (ebd. S. 37).

Es ist anzunehmen, dass die Lebenserwartung weiterhin steigt. Das Statistische Bundesamt geht in seiner 11. Bevölkerungsvorausberechnung in der mittleren

Variante von einem weiteren Anstieg der Lebenserwartung von Neugeborenen aus. Bis zum Jahr 2050 geht man davon aus, dass Frauen ein Alter von bis zu 88 Jahren und Männer ein Alter von bis zu 83,5 Jahren erlangen (vgl. ebd.).

5.1.3 Zuwanderung

Um dem Problem der schrumpfenden und alternden Bevölkerung entgegenzuwirken, ist die Zuwanderung ein wichtiges Thema. Eine große Zuwanderung nach Deutschland wurde während der 1990er Jahre mit ca. 800.000 Menschen pro Jahr vermerkt. Bis zum Jahre 2010 wurde diese Marke nicht mehr gebrochen. Ab dem Jahr 2011 erhöhte sich die Zahl der Zuwanderung stetig, wie man der Abbildung 7 entnehmen kann (vgl. Barlöus 2007, S. 172).

Zu- und Fortzüge über die Grenzen Deutschlands von 2007 bis 2015

Jahr	Zuzüge			Fortzüge			Wanderungssaldo (Zuzugs- bzw. Fortzugsüberschuss)	
	Gesamt	dar. Ausländer	Anteil in %	Gesamt	dar. Ausländer	Anteil in %	Gesamt	dar. Ausländer
2007	680.766	574.752	84,4	636.854	475.749	74,7	43.912	99.003
2008[1]	682.146	573.815	84,1	737.889	563.130	76,3	-55.743	10.685
2009[1]	721.014	606.314	84,1	733.796	578.808	78,9	-12.782	27.506
2010	798.282	683.530	85,6	670.605	529.605	79,0	127.677	153.925
2011	958.299	841.695	87,8	678.969	538.837	79,4	279.330	302.858
2012	1.080.936	965.908	89,4	711.991	578.759	81,3	368.945	387.149
2013	1.226.493	1.108.068	90,3	797.886	657.604	82,4	428.607	450.464
2014	1.464.724	1.342.529	91,7	914.241	765.605	83,7	550.483	576.924
2015[2]	2.136.954	2.016.241	94,4	997.551	859.278	86,1	1.139.403	1.156.963

Abbildung 8: Zu- und Fortzüge über die Grenzen Deutschlands von 2007 bis 2015
Quelle: Statistisches Bundesamt, Migrationsbericht 2015, S.186

„Nach Berechnungen des Statistischen Bundesamtes (2003) könnte die Bevölkerungszahl in Deutschland durch Zuwanderung von 300.000 Menschen jährlich bis 2050 bei 82 Millionen und damit ungefähr konstant gehalten werden. Bei einer jährlichen Zuwanderung von lediglich 100.000 Menschen [...] würde die Bevölkerung bis 2050 auf 67 Millionen schrumpfen“ (ebd.).

Neben den Zahlen muss man jedoch beachten, dass auch die zugewanderten Menschen älter werden und diese sich dem Geburtenverhalten der Gesellschaft, in der sie leben, anpassen (vgl. ebd.).

Neben der Minderung der demographischen Folgen mit Zugewanderten können diese freie Plätze am Arbeitsmarkt abdecken. In Branchen wie im IT-Bereich oder „aber auch aufgrund der demographischen Entwicklung beispielsweise im Pflegebereich“ (ebd.) werden viele Arbeitskräfte benötigt. Es wäre daher von Vorteil,

Menschen aus anderen Ländern mit diesen Fähigkeiten anzuwerben, um neben der schrumpfenden Bevölkerung auch den Arbeitsmarkt anzukurbeln.

Zusammenfassend ist also zu sagen, dass die Zuwanderung nur eine kurzfristige Linderung der alternden Gesellschaft ist, jedoch der Gesellschaft helfen kann, „um kurzfristige Nachfrageüberschüsse auf dem Arbeitsmarkt zu überbrücken" (ebd. S. 173).

5.2 Die Bedeutung der demographischen Entwicklung für das Rentensystem

Aufgrund der demographischen Entwicklung stieg das Renteneintrittsalter ab 2012 stufenweise von 65 Jahren auf 67 Jahre. „Auf der Makroebene wirken längere Arbeitsphasen der demographischen Schrumpfung des Arbeitskräftepotenzials entgegen" (Brussig 2016, S. 289). Auch für Betriebe hat es einen Vorteil, da sie durch einen längeren Nutzen ihrer qualifizierten Mitarbeiter/innen über weitere Jahre gesichert sind. Für Arbeitnehmer/innen ist der Anstieg des Rentenalters und die damit verbundene längere Erwerbszeit die „einzige Möglichkeit, bei sich einschränkender sozialer Sicherung die höheren Altersgrenzen in der Rentenversicherung zu erreichen" (ebd.).

Dennoch steht die Rentenpolitik vor neuen Herausforderungen. „Die Prognosen zu den Alterseinkünften stimmen seit einigen Jahren darin überein, dass mit einer steigenden Altersarmut zu rechnen ist" (ebd. S. 291). Langzeitarbeitslosigkeit, „wachsender Niedriglohnsektor sowie der Rückgang des versicherungspflichtigen Normalarbeitsverhältnisses führen zu durchschnittlich sinkenden Rentenanwartschaften" (ebd.). Hinzu kommen individuelle Faktoren, die eine/n Arbeitnehmer/in zu einer Frühverrentung und somit zu einer Leistungssenkung zwingen. Aufgrund von Erkrankungen und/oder Arbeitsbelastungen ist es nicht jeder/m Arbeitnehmer/in möglich, bis zum Ende ihrer/seiner Erwerbszeit zu arbeiten. Aber auch häufige Lücken in der Erwerbsbiografie, „wie zum Beispiel zwischen Schule und Ausbildung, Ausbildung und Berufseinstieg, Wiedereinstieg in das Berufsleben nach Wohnortswechsel oder Kindererziehung" (Schuster 2010, S. 50) häufen sich und verursachen somit geringe Entgeltpunkte für den bevorstehenden Rentenanspruch.

6 Soziale Ausgrenzung als Konsequenz des Rentensystems

Im kommenden Kapitel wird das Thema der sozialen Ausgrenzung als Konsequenz des bestehenden Rentensystems behandelt.

Es wird davon ausgegangen, dass Personengruppen wie Langzeitarbeitslose, Alleinlebende, Alleinerziehende, Migrant/innen, Personen mit einem niedrigen Bildungsstand und Personen im Ruhestand aufgrund verschiedener Aspekte weniger die Möglichkeit haben, in das Rentensystem einzuzahlen, und somit während ihrer Zeit als Rentenbezieher/in geringe Rentenbezüge erhalten und sich dadurch sozial ausgegrenzt fühlen (siehe Abbildung 9).

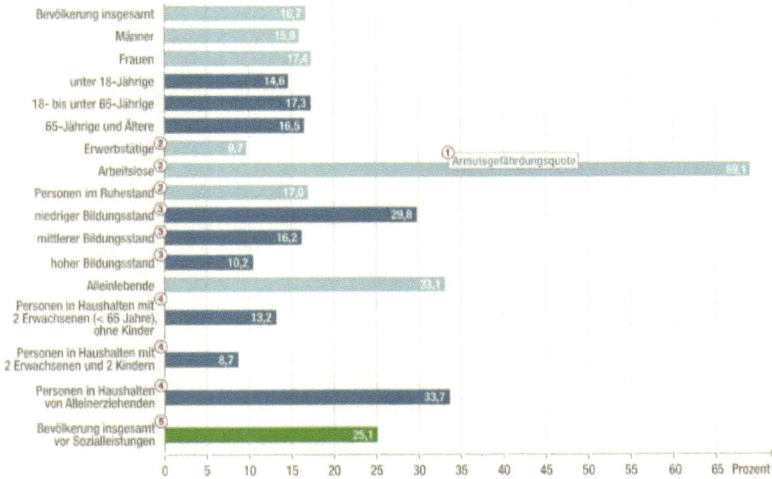

Abbildung 9: Armutsgefährdungsquote in Prozent, von 2014
Quelle: http://www.bpb.de

„Der Mechanismus der Rentenberechnung bestimmt, wer im Alter ein Armutsrisiko hat und, bei niedrigen Rentenansprüchen, auch auf Grundsicherung im Alter angewiesen ist" (Cremer 2016, S. 108). Für diejenigen, die aufgrund eines unterdurchschnittlichen Erwerbseinkommens oder unterbrochener Berufsbiographie nur wenige Jahre in die Rentenversicherung eingezahlt haben oder für längere Zeit in Teilzeit gearbeitet haben, besteht die Gefahr der Altersarmut (vgl. ebd. S. 108).

„Mit der Flexibilisierung des deutschen Arbeitsmarktes, den Hartz-Reformen und dem nach 2005 einsetzenden Beschäftigungsboom" (ebd. S. 110) haben Beschäftigungsformen wie Minijobs und Teilzeitjobs zugenommen. Arbeitsplätze wurden geschaffen und boten besonders für Frauen die Chance, einer Beschäftigung nachzugehen. Jedoch führen Minijobs, auch mit der Option, in die Rentenversicherung einzuzahlen, nicht dazu, sich für die spätere Rentenzeit vor Armut abzusichern. Langfristige Teilzeitarbeit funktioniert nur, wenn sie überdurchschnittlich gut bezahlt wird (vgl. ebd. S. 110).

Im kommenden Abschnitt wird die Personengruppe der Alleinerziehenden und die der Migrant/innen vorgestellt.

6.1 Alleinerziehende

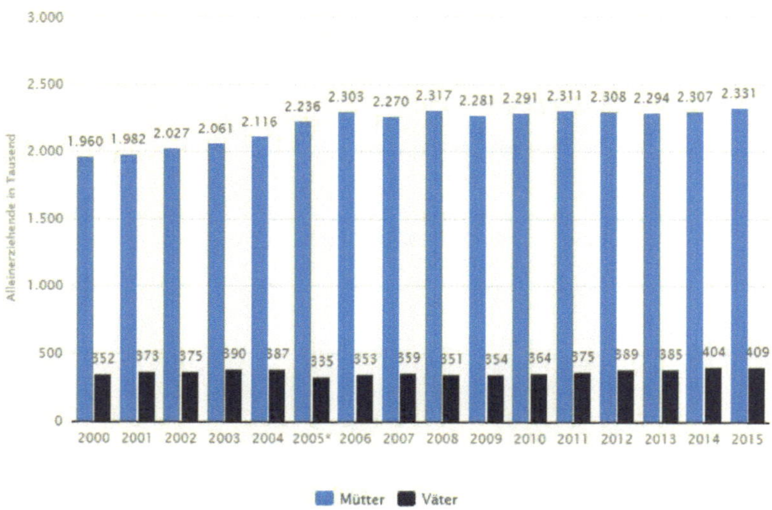

Abbildung 10: Anzahl der Alleinerziehenden in Deutschland nach Geschlecht in den Jahren 2000 bis 2015
Quelle: www.statista.com

Alleinerziehende sind seit einigen Jahren keine Ausnahmeerscheinung mehr (vgl. Brand, S. 13). In der Abbildung 10 zeigt die „Statistik [...] die Anzahl der Alleinerziehenden in Deutschland nach Geschlecht in den Jahren von 2000 bis 2015. Im Jahr 2015 gab es in Deutschland rund 409.000 alleinerziehende Väter und rund 2.331.000 alleinerziehende Mütter" (https://de.statista.com). Es wird deutlich, dass die Zahl der Alleinerziehenden langsam, aber stetig steigt.

Aufgrund der hohen Belastung dem Kind, dem Haushalt und der Arbeit gerecht zu werden, haben es Alleinerziehende schwer, auf dem Arbeitsmarkt einen geeigneten

Arbeitsplatz zu finden. Wenn Alleinerziehende eine Tätigkeit haben, kommt es häufig vor, dass das Einkommen aus dieser Tätigkeit mit Sozialaufwendungen aufgestockt werden muss, da diese meist einer Teilzeitbeschäftigung entspricht und/oder im Niedriglohnsektor angesiedelt ist.

Im Gegensatz zu Familien mit zwei Elternteilen haben Alleinerziehende das Problem „der Vereinbarkeit von Erwerbs- und Familienarbeit" (Schuster 2010, S. 13). Rund 30 Prozent der Alleinerziehenden in Westdeutschland und 10 Prozent in Ostdeutschland sind teilzeitbeschäftigt (vgl. ebd. S. 14). Alleinerziehende, die keiner Erwerbstätigkeit nachgehen, erhalten je nach Situation Arbeitslosengeld 1 oder Arbeitslosengeld 2. Wenn monatlich ein Einkommen erzielt wird, können Alleinerziehende auch Wohngeld beantragen. Alleinerziehende eines Neugeborenen erhalten Elterngeld, welches bis zum 12. beziehungsweise 14. Lebensmonat des Kindes gezahlt wird. Das Einkommen daraus bezieht sich auf das vorherige Erwerbseinkommen und ersetzt 67 Prozent dessen, bis maximal 1800 € (vgl. ebd. S. 26). Neben diesen Möglichkeiten, um ein monatliches Einkommen sicherzustellen, gibt es den Ehegatten- und Betreuungsunterhalt sowie das Kindergeld.

Aufgrund der Vereinbarkeit von Erwerbs- und Familienarbeit sind Alleinerziehende auf Hilfe und Unterstützung angewiesen. Weitere Familienmitglieder wie Eltern und Großeltern sowie Kinderbetreuung sind eine wichtige Stütze für Alleinerziehende (vgl. S. 13).

Nicht jede/jeder Alleinerziehende hat eine solche familiäre Stütze und ist daher auf Betreuungsplätze für die Kinder angewiesen, was oftmals mit einer Wartezeit verbunden ist. Ein Mangel an Kinderbetreuungsplätzen wirkt sich negativ auf die Aufnahme und Ausübung einer Erwerbstätigkeit aus (vgl. ebd. S. 13). Der Verzicht auf eine Erwerbstätigkeit und das somit erhöhte potentielle Armutsrisiko im Alter ist nur selten von den Erziehungsberechtigten frei gewählt. Es ist das Resultat einer unzureichenden Kinderbetreuungslandschaft sowie eines geschlechterungerechten Arbeits- und Einkommensverhältnisses (vgl. ebd. S. 13). „Für einen hohen Anteil Alleinerziehender gilt, dass sie unter ihren beruflichen Qualifikationen und Potenzialen beschäftigt sind" (ebd. S. 13). Außerdem haben sie aufgrund der mangelnden staatlichen Kinderbetreuung einen längeren Lebensabschnitt, in dem sie wenig bis gar nicht erwerbstätig sind und somit in der Altersversorgung schlechter gestellt werden (vgl. ebd. S. 13). Eine hohe Zahl von Alleinerziehenden ist daher mit Armutsrisiken konfrontiert (siehe Abbildung 9). „Im Jahr 2007 bezogen 21,5 Prozent der Alleinerziehenden insgesamt bzw. 29,8 Prozent der Alleinerziehenden mit minderjährigen Kindern Arbeitslosengeld oder Leistungen nach Hartz IV" (ebd.

S. 16). „Insbesondere betroffen sind alleinerziehende Haushalte mit drei und mehr Kindern, wo die Sozialhilfequote [...] (d. h. 2003) bei 46,5 Prozent lag" (Brand 2006, S. 41). Je geringer der Bildungsstand der Alleinerziehenden und je jünger die Kinder sind, desto häufiger leben sie mit der finanziellen Unterstützung der Sozialhilfe (vgl. ebd. S. 13).

Neben den Problemen der Erwerbstätigkeit ist die Wohnsituation, besonders direkt nach der Trennung von/vom Partner/in, eine große Belastung für Alleinerziehende. Neben der Finanzierung der (alten) Ehewohnung muss eine neue bezahlbare Wohnung gefunden werden. Durch Mieterhöhung und vielfache Vorbehalte von/vom Vermieter/in haben es Alleinerziehende am Wohnungsmarkt schwer. Alleinerziehende müssen Kompromisse der Lage und Größe eingehen (vgl. Schuster 2010, S. 37).

6.2 Menschen mit Migrationshintergrund

Im Jahr 2015 lebten in Deutschland 17,1 Millionen Menschen mit einem Migrationshintergrund (21 Prozent der Bevölkerung). Viele von ihnen sind von Armut betroffen oder leben an der definierten Armutsgrenze. 2005 wurde zum ersten Mal der Mikrozensus[5] angewandt, der „Auskunft über die gewichteten Nettoäquivalenzeinkommen von Menschen mit Migrationshintergrund" (Butterwege 2010, S. 119) gibt. „Demnach erreichte die dort erfasste Bevölkerung mit Migrationshintergrund (darunter auch Aussiedler/innen sowie Ausländer/innen der zweiten Generation) 79 Prozent des Durchschnittswertes der Gesamtbevölkerung, Ausländer/innen 73 und Eingebürgerte 82 Prozent" (www.armuts-und-reichtumsbericht.de). Das Einkommen von ausländischen und eingebürgerten Migrant/innen lag also unter dem der Deutschen. Auch bei den Erwerbstätigen zeigt sich eine Schere zwischen Erwerbstätigen mit Migrationshintergrund und Erwerbstätigen ohne Migrationshintergrund. „Bloß 14 Prozent der Erwerbstätigen mit Migrationshintergrund erzielten ein Einkommen über 2.000 Euro (ohne Migrationshintergrund: 23 Prozent), während sie in der Einkommensgruppe unter 1.100 Euro mit 47 Prozent wesentlich stärker als Einheimische (37 Prozent) vertreten waren" (ebd. S. 119).

[5] „Der Mikrozensus ist eine statistische Erhebung, bei der im Gegensatz zur Volkszählung nur nach bestimmten Zufallskriterien ausgewählte Haushalte beteiligt sind. Die Anzahl der Haushalte wird so gewählt, dass die Repräsentativität der Ergebnisse statistisch gesichert ist. Der Mikrozensus dient dazu, die im Rahmen von umfassenden Volkszählungen erhobenen Daten in kurzen Zeitabständen mit überschaubarem organisatorischem Aufwand zu überprüfen und gegebenenfalls zu korrigieren" (www.wikipedia.de).

Es zeigt sich also, dass für Migrant/innen in Deutschland ein erhöhtes Armutsrisiko besteht. Gründe können hier unter anderem der Bildungsstand und/oder die sprachlichen Barrieren sein. Auch die Orientierungslosigkeit, besonders bei jungen Migrant/innen, kann eine Ursache für ein erhöhtes Armutsrisiko sein. Durch die Orientierungslosigkeit, den Zwiespalt der Kulturen, aber auch die Erfahrung, für seine Kultur, Tradition und/oder Religion diskriminiert zu werden, kann dazu führen, dass Migrant/innen sich nicht in die Gesellschaft integrieren. Die Kluft zwischen beiden Kulturen, die der Familie und die der Deutschen, kann dazu führen, dass Migrant/innen sich zurückziehen und alte Werte aus ihrer heimischen Kultur als Orientierung betrachten und sich beim Ausüben der Traditionen sicher fühlen. Um Traditionen besser ausleben zu können, werden Communities[6] gebildet. Dies findet man oftmals auch in der Wohnform wieder, wo sich ethnische Strukturen verfestigen und Ballungsräume in Stadtteilen entstehen, in der eine Vielzahl an Menschen der gleichen Ethnie wohnt (vgl. ebd. S. 107). Es ist nicht unbedingt ein Nachteil, es kann jedoch dazu führen, dass Armutsstrukturen sowie Parallelgesellschaften entstehen und eine Integration somit fehlschlägt.

Besonders jüngere und ältere Migrant/innen sind armutsgefährdet. Jüngere Migrant/innen haben es aufgrund des Bildungsabschlusses schwerer auf dem Arbeitsmarkt, eine Erwerbstätigkeit zu finden. Schüler/innen mit einem Migrationshintergrund erreichen weitaus seltener mittlere oder höhere Bildungsabschlüsse (vgl. Hollstein, Huber, Schweppe 2010, S. 33). „So besuchte im Schuljahr 2006/2007 die Mehrzahl der ausländischen Schülerinnen und Schüler (38 Prozent) eine Hauptschule, während dies auf nur 15 Prozent der deutschen Schülerinnen und Schüler zutraf" (ebd. S. 33). Auf Gymnasien hingegen gingen nur 21 Prozent der ausländischen Schüler/innen, dagegen 45 Prozent der deutschen Schüler/innen (vgl. ebd. S. 33). Die niedrigen Bildungschancen können dazu führen, dass Jugendliche statt einer Ausbildung einem ungelernten Job nachgehen oder in die Arbeitslosigkeit geraten. Ebenso wie die Gruppe der jungen Migrant/innen hat die Gruppe der Älteren ein erhöhtes Armutsrisiko. In diesem Fall ist das Armutsrisiko unter anderem wie bei den Einheimischen davon abhängig, wie lange sie in die Deutsche Rentenversicherung eingezahlt haben. Aufgrund der späten Einwanderung kann dies für viele bedeuten, dass sie nur eine geringe Anzahl der benötigten Rentenpunkte erlangen und somit nur eine geringe Rente beziehen (vgl. Aner, Karl 2010, S. 370). Eine

[6] Gemeinschaft, Gruppe von Menschen, die ein gemeinsames Ziel verfolgen, gemeinsame Interessen pflegen, sich gemeinsamen Wertvorstellungen verpflichtet fühlen (www.duden.de).

niedrige Rente kann aber auch durch unvollständige Versicherungsbiografien entstehen. Neben dem niedrigeren Erwerbslohn der Migrant/innen gegenüber den Einheimischen sind Migrant/innen „häufiger und länger von Arbeitslosigkeit betroffen" (ebd. S. 370).

6.3 Zusammenfassung

Es ist also festzustellen, dass überwiegend Gruppen, die Erfahrungen mit Diskriminierung machen oder gemacht haben, unter Armut leiden und auch im Alter die Konsequenzen der erlebten Armut aus der Erwerbstätigkeit spüren. Besonders Frauen und Migrant/innen erfahren in ihren Lebensphasen Mehrfachdiskriminierungen (auch intersektionelle Diskriminierung genannt). Wenn man aufgrund mehrerer Faktoren diskriminiert wird, wird dies als intersektionelle Diskriminierung bezeichnet. Diskriminierungsfaktoren können zum Beispiel das Alter, das Geschlecht, die sexuelle Orientierung, die ethnische Herkunft, eine Behinderung, die Religion, Arbeitslosigkeit und/oder der Bildungsstand sein.

Die Armutsgefährdung dieser Gruppen (Frauen und Migrant/innen) steigt im Zeitverlauf an und sie sind im Alter einem deutlich höheren Armutsrisiko ausgesetzt als deutsche Männer. Hinzu kommen die vielseitigen Benachteiligungen der beiden Gruppen am Arbeitsmarkt und die erhöhte Lebenserwartung der Frauen, welche im Alter häufig alleine leben (vgl. Butterwege, Bosbach, Birkwald 2012, S. 113).

Das erhöhte Armutsrisiko hat Auswirkung auf die Grundbedürfnisse der betroffenen Menschen. Der Bedürfnispyramide von Maslow zufolge gehören zu den Grundbedürfnissen physiologische Grundbedürfnisse, Sicherheit, Sozialbedürfnis, Anerkennung und Wertschätzung sowie Selbstverwirklichung. Aufgrund von Armut werden viele der Faktoren beeinträchtigt und/oder vernachlässigt, was dazu führen kann, dass sich die betroffenen Personen zum Beispiel isolieren und/oder mit gesundheitlichen Problemen abfinden und aufgrund von Scham keiner ärztlichen Beratung nachgehen.

7 Altenhilfe als Feld der Sozialen Arbeit

Altenarbeit ist in der sozialen Altenhilfe angesiedelt und ist ein Teil der Sozialen Arbeit. Ihre Wurzeln hat die Soziale Arbeit in der Armenfürsorge (vgl. Aner, Karl 2010, S. 33). Die Adressat/innengruppe der Altenarbeit besteht aus älteren Menschen, welche „in Form von Beratung, Betreuung, Unterstützung oder allgemein formuliert als Hilfe zur Lebensbewältigung" ihren Aufgaben nachgeht (ebd. S. 19). Das Handlungsfeld wird eingeteilt in die sogenannte offene Altenarbeit für die Zielgruppe der jüngeren, gesundheitlich weniger eingeschränkten unter den älteren Menschen (vgl. ebd. S.33). „Hinzu kommt die sogenannte Altenhilfe, für die oft stark eingeschränkten Hochaltrigen, wobei die Altenhilfe noch einmal entlang der Organisationsformen der Dienste und Einrichtungen (ambulant, teilstationär, stationär) gegliedert wird" (ebd. S. 33). Die soziale Altenhilfe ist ein eigenständiger und kodifizierter Teil in der kommunalen Sozialhilfe und „ein vergleichsweise junger Zweig der deutschen Fürsorgegeschichte" (ebd. S. 19), welche erst mit dem Bundessozialhilfegesetz von 1961 vom Gesetzgeber festgelegt wurde.

Im folgenden Unterpunkt wird die Entwicklung der Profession Soziale Arbeit im Kontext zur Sozial- und Altenpolitik beschrieben.

7.1 Entwicklung der Profession Soziale Arbeit im Kontext zur Sozial- und Altenpolitik

1945 bis Mitte der 1960er-Jahre

In der Nachkriegszeit, mit der Gründung zweier deutscher Staaten und Überwindung der Kriegsfolgen wurden Themen wie Sozialpolitik oder Altenpolitik kaum besprochen. Armut war nach dem Zweiten Weltkrieg in Deutschland weitverbreitet. Während der späten 1950er-Jahre herrschte bei Kriegsgeschädigten, Witwen, Rentner/innen, Behinderten, Wohnungslosen und anderen Gruppen Armut. Für staatliche Unterstützung der verschiedenen hilfsbedürftigen Gruppen fehlten die Gelder. „Erst mit dem beginnenden Wirtschaftswunder, der zunehmenden Beschäftigung und den steigenden Einkommen verbesserte sich die Lage" (Willke 2011, S. 120). 1958 sollte durch eine Dynamisierung der Altersrente die Altersarmut eingegrenzt werden. Außerdem wurde mit Hilfe des sozialen Wohnungsbaus die Wohnungsnot in Deutschland minimiert (vgl. Wilke S. 121). Zwischen 1957 bis Mitte der 1960er-Jahre bildet sich die Altenpolitik als Teilbereich der Daseinsvorsorge heraus. Außerdem wurde die Altenhilferegelung nach § 75 im Bundessozialhilfegesetz eingeführt. Dies hatte unter anderem zur Folge, dass Einrichtungen für ältere

Menschen geschaffen wurden, welche sich auf die Begegnung von Menschen, aber auch auf den politischen Diskurs spezialisiert haben (vgl. Aner, Karl 2010, S. 36). „Angestoßen wurde dieser Prozess vom weiter steigenden Anteil älterer Menschen und damit älterer Wähler/innen“ (vgl. ebd.). Trotzdessen gab es eine mangelnde Kooperation mit staatlichen Stellen, sodass dieser Zeitabschnitt „trotz der genannten Fortschritte auch als ‚Inkubationsphase der Altenpolitik‘ bezeichnet werden kann“ (ebd.).

Ende der 1960er- bis 1970er-Jahre

In den 1960er bis 1970er-Jahren ist die politische Bedeutung der Alterspopulation noch ein eher weniger beachtetes Thema in der Politik. „Politische Parteien beschränkten sich auf eher allgemeine Aussagen zu dem auf der Bundesebene immer noch schwach ausgeprägten Politikfeld“ (ebd.).

Als erster Baustein einer umfassenderen Altenpolitik in Deutschland wurde 1968 ein Maßnahmenpaket unter dem Titel „Bundesprogramm zur Förderung gesellschaftspolitischer Maßnahmen für ältere Generation“ verabschiedet.

Ab dem Jahr 1974 wurden die Rechte der Heimbewohner/innen mit dem „Heimgesetz“ von 1974 und der „Heim-Mitwirkungsverordnung“ im Jahre 1976 gestärkt.

„Eine weitere Entwicklung, die in den 1970er Jahren einsetzte [...] ist die breite Förderung von Modellprogrammen als Steuerungsinstrument von Bund und Ländern“ (ebd. S. 37). Als Beispiel kann man hier die Sozialisationen nennen. Diese sind aufgrund der Modernisierung nach dem Zweiten Weltkrieg und der Reduzierung von Diakonissen und Ordensfrauen sowie dem Wegfall von traditionellen Gemeindekrankenpfleger/innen entstanden (vgl. ebd.). Aufgrund dieser Entwicklung und des Bedarfs an Personal wurde der Grundstein für die Professionalisierung Sozialer (Alten-) Arbeit gelegt (vgl. ebd.).

Die 1980er-Jahre

In den 1980er-Jahren etablierte sich die Altenpolitik als eigenständiges Aufgabengebiet in der Bundespolitik. Zwischen 1986 und 1989 bildeten sich Seniorenvereinigungen wie der Deutsche Seniorenring e. V. und die Bundesarbeitsgemeinschaft der Seniorenorganisation oder auch die Partei „Die Grauen – graue Panther“, um alte Vorstellungen vom Alter zu durchbrechen und emanzipatorische Arbeitsansätze zu erarbeiten (vgl. S. 38).

Auf Bundesebene wurde Altenpolitik im Jahr 1988 durch die Ernennung von Gerontologin Ursula Lehr zur Bundesfamilienministerin geprägt. „Sie beauftragte 1989 eine Kommission mit der Erstellung eines ersten Altenberichts“ (ebd.).

Der Ausbau von sozialen Diensten und sozialer Infrastruktur war in den 1980er-Jahren aufgrund der geringen finanziellen Mittel eher auf Selbsthilfe und Ehrenamt ausgelegt. Dadurch gründeten sich unter anderem Selbsthilfeorganisationen wie die NAKOS (Nationale Kontakt- und Informationsstelle zur Anregung und Unterstützung von Selbsthilfegruppen).

1990er-Jahre

In den 1990er-Jahren verspürte die Altenpolitik aufgrund des demographischen Wandels einen enormen Aufwind. „1992 richtete das Bundesministerium erstmals eine eigene Abteilung für Seniorenpolitik ein“ (ebd. S. 41). Die soziale Altenhilfe wurde durch Forschungsprojekte zu den Lebenslagen der älteren Generationen gefördert, woraus Vorhaben wie die Entwicklung neuer Wohnkonzepte entstanden (vgl. ebd.). Außerdem wurden die Rechte von Heimbewohner/innen durch das Betreuungsgesetz, die Änderung des Heimgesetzes und die Einführung des Pflegeversicherungsgesetzes gestärkt (vgl. ebd.).

Durch die Wiedervereinigung der Bundesrepublik Deutschland mit der Deutschen Demokratischen Republik stagnierte die Entwicklung von sozialen Diensten in den alten Bundesländern, da die Wiedervereinigung und die damit verbundene Umstrukturierung in den neuen Bundesländern Vorrang hatte.

Mit Einführung des SGB XI änderten sich Mitte der 1990er-Jahre die Rahmenbedingungen der Sozialen Arbeit im Bereich der Pflege. Das Arbeitsfeld Pflege wurde statt dem Sozialwesen dem Gesundheitswesen zugeordnet, wodurch Refinanzierungslücken für die Soziale Arbeit wuchsen (vgl. ebd. S. 45). Hinzu kam der zunehmende Wettbewerbs- und Kostendruck, welcher „erheblichen Einfluss auf die Zusammensetzung des Personals hatte“ (ebd.). „Die Gefährdung der Sozialen Arbeit in der Pflege wurde zeitnah diskutiert und mit neuen Konzepten beantwortet“ (ebd.). Die Stärken der Sozialen Arbeit sahen die Experten darin, die zu Pflegenden und ihre Angehörigen zu beraten und bei ihrem Vorhaben zu begleiten und zu unterstützen. Als weitere Stärke wurde der Sozialen Arbeit zugeschrieben, dass sie dafür qualifiziert ist, Maßnahmen der Organisations- und Personalentwicklung sowie die Koordination der Pflege übernehmen zu können (vgl. ebd.).

Die Zeit seit dem Jahr 2000

In den 2000er-Jahren fand ein weiterer Rückzug des Staates aus der Finanzverantwortung statt. Es sollte der „Übergang vom produzierenden und finanzierenden zum eher regulierenden und aktivierenden Sozialstaat sein" (ebd.). Durch den § 71 SGB XII sollte die Soziale Altenarbeit im Bereich der Pflege gestärkt werden, welches jedoch an den Einsparungen der Kommunen leiden musste. Soziale Altenarbeit wird meist von befristeten Modellprogrammen angeboten, welches somit keine langfristige Arbeit anbieten kann. Im Zweiten Bericht zur Entwicklung der Pflegeversicherung im Jahre 2001 wurde festgestellt, dass in der ambulanten Pflege 1,3 Prozent und in der stationären 2,9 Prozent der Beschäftigten Therapeut/innen oder Sozialarbeiter/innen sind (vgl. Deutscher Bundestag 2001, S. 162). Im Vierten Bericht aus dem Jahr 2008 wird sogar nur noch von ‚sonstigen' Berufsbildern gesprochen (vgl. Deutscher Bundestag 2008: Anlage 7). „Diese randständige Stellung ergibt sich bisher nicht zuletzt daraus, dass die Ausgaben für die Pflege ‚gedeckelt' sind und eine qualifizierte soziale Betreuung als ‚zusätzlicher Kostenfaktor' unter diesen Bedingungen schwer durchzusetzen ist" (Aner, Karl 2010, S. 47).

7.2 Felder der Sozialen Arbeit mit älteren Menschen

§ 71 Abs. 1 SGB XII:

> „Die Altenhilfe soll dazu beitragen, Schwierigkeiten, die durch das Alter ent-stehen, zu verhüten, zu überwinden oder zu mildern und den alten Menschen die Möglichkeiten zu erhalten, am Leben in der Gemeinschaft teilzunehmen" (Stascheit 2015, S. 357).

Soziale (Alten-)Arbeit findet man in Rehabilitationseinrichtungen, in der Geriatrie, Gerontopsychiatrie, bei der Palliativversorgung, in Beratungsstellen sowie in Krankenhäusern und Pflegeeinrichtungen.

Beratungsstellen haben eine enorme Bedeutung für den Erhalt der Lebensqualität älterer Menschen. Sozialarbeiter/innen können in ihren Beratungsstellen die Person mit einem Unterstützungsbedarf sowie die Angehörigen „über die strukturell sehr differenzierten und vielfältigen sozialen, pflegerischen, medizinischen, therapeutischen und anderen Dienste im Einzelfall gut informiert werden" (Aner, Karl 2010, S. 113). Die Sozialarbeiter/innen sollen mit den Anfragenden die individuelle Situation reflektierend einschätzen, um somit konkret auf die Bedürfnisse eingehen zu können. Im Idealfall sind Beratungsstellen gut vernetzt und können die Anfragenden bei gezielten Lösungen von Problemen weiterleiten.

Beratungsstellen weisen ein großes inhaltliches Spektrum auf und sind auf individuelle Lebenslagen und Situationen mit Unterstützung oder Hilfebedarf ausgerichtet (vgl. ebd.). „Thematisch und konzeptionell sind Beratungsstellen nicht auf die ‚Bearbeitung von Problemen' fokussiert, sondern decken die ganze Bandbreite von relevanten Themen der Lebensführung und der Lebensqualität im Alter ab" (ebd.).

7.2.1 Altenhilfe im Kontext Armut

In der Literatur gibt es für ältere Menschen, die unter und knapp an der Armutsgrenze leben kaum etwas zu finden, wo sie sich Hilfe holen können. Eine klassische Anlaufstelle wäre zum Beispiel der Sozialhilfeträger, bei dem die Betroffenen finanzielle Leistung beantragen können. Neben den Sozialhilfeträgern, den oben beschriebenen Beratungsstellen, gibt es noch die Gemeinwesenarbeit, die älteren Menschen mit einem niedrigen Einkommen beraten kann.

7.2.2 Gemeinwesenarbeit

Die Gemeinwesenarbeit, auch stadtteilbezogene Soziale Arbeit genannt, tritt in Stadtteilen beziehungsweise in Wohnquartieren auf, um die „sozialen und ökonomischen Problemlagen der dort lebenden Menschen" aufzugreifen (Hinte, Lüttringshaus, Oelschlägel 2007, S. 90). Das alltägliche Leben der meisten Menschen spielt sich hauptsächlich in ihrer Wohngegend ab, wo aufgrund dessen zum Großteil die meisten sozialen Problemlagen entstehen oder sich diese verschärfen können (vgl. ebd.).

Die Leitstandards der Gemeinwesenarbeit zielen auf die Bedürfnisorientierung der Menschen in dem lebenden Stadtteil ab. Die Gemeinwesenarbeit „greift prinzipiell alle Themen auf, die von den Menschen im Sozialraum für wichtig erachtet" werden (ebd. S. 79). Um diese Themen und/oder Probleme der Bewohner/innen aufzugreifen, nutzt die Gemeinwesenarbeit die Partizipation der Bewohner/innen im Wohnraum. Die Sozialarbeiter/innen sollen bei der Themenfindung unterstützen, die Eigeninitiative fördern und die Menschen währenddessen begleiten. Um Teilhabe der Bewohner/innen zu ermöglichen, können Ressourcen des Stadtteils aktiviert werden. Hierzu zählt zum Beispiel das Netzwerken, welches unter anderem verschiedene Professionskreise verbinden kann und somit die Bewohner/innen unterstützt. Die Bewohner/innen können sich aber auch selbst untereinander vernetzen, um Strukturen zur Problemlösung zu schaffen.

Zusammenfassend lässt sich sagen, dass Gemeinwesenarbeit bereichsübergreifend ist und „auf die Verbesserung des sozialen und kulturellen Lebens sowie der baulichen und ökonomischen Strukturen“ abzielt (ebd. S. 80). Somit wären die Sozialarbeiter/innen in der Gemeinwesenarbeit eine gute Anlaufstelle für ältere Menschen mit wenig Einkommen.

8 Fazit

Nach vorangegangenen Recherchen lässt sich sagen, dass prekäre Lebenslagen im rentenfähigen Alter entstehen oder zunehmen. Ob man von der gesetzlichen Rente im Alter leben kann, hängt von den Erwerbsjahren sowie den bezogenen Einkommen ab. Das System sieht vor, dass eine rein gesetzliche Versicherung nicht mehr für den einzelnen Menschen reicht; Säulen der betrieblichen und privaten Vorsorge rücken immer weiter in den Fokus, um sich vor einer möglichen Altersarmut zu schützen. Arbeitnehmmer/innen, die während ihrer Erwerbszeit schon einen hohen Stand in der Gesellschaft genossen, werden ein geringes Risiko haben, im Alter von Armut betroffen zu sein, da sie die Möglichkeit besitzen/besaßen, genügend Geld in alle drei Säulen einzuzahlen.

In der vorliegenden Bachelorarbeit wurde die Frage behandelt, was mit den Menschen passiert, die aufgrund von Erwerbslosigkeit oder niedrigen Einkommen wenig bis gar nicht vorsorgen können. Geringe Einkommen von Rentenbezieher/innen werden vom Sozialamt mit der Grundsicherung aufgestockt. Dies soll sicherstellen, dass die Lebensunterhaltskosten gedeckt werden. Die Untersuchung hat die Erkenntnis gebracht, dass besonders Personengruppen wie Langzeitarbeitslose, Alleinlebende, Alleinerziehende, Migrant/innen und Personen mit einem niedrigen Bildungsstand ein hohes Risiko besitzen, arm zu sein oder im Rentenalter arm zu werden. Auffällig ist, dass diese Gruppen meist einer intersektionellen Diskriminierung ausgesetzt sind und die Bedingungen, denen sie ausgesetzt sind, die Teilhabe am Gesellschaftsleben erschweren. Aufgrund von Scham suchen sie weniger Unterstützung durch beispielsweise Sozialarbeiter/innen.

Es besteht daher die Notwenigkeit, die betroffenen Personen in ihrer Lebenswelt, also meist im Stadtteil, in dem sie wohnen und sich zum größten Teil aufhalten, aufzufangen. Da Gemeinwesenarbeit altersübergreifend erfolgt, ist es wichtig, dass jeder Stadtteil eine gute Vernetzung zu anderen Trägern, Vereinen und Dienstleistern hat. Für ältere Menschen mit einem niedrigen Einkommen kann die Gemeinwesenarbeit die erste Anlaufstelle sein, in der sie eine gute und kostenlose Beratung bekommen.

Ziel der vorliegenden Arbeit war es, herauszufinden, wie das Rentensystem der BRD sich auf individuelle Alter(n)sverläufe auswirkt. Es wurde festgestellt, dass es einer überwiegenden Mehrheit der Renter/innen zurzeit finanziell gut geht. Dieser Zustand kann sich durch den demographischen Wandel und den damit verbundenen Rentenkürzungen jedoch verändern. Nichtsdestotrotz gibt es schon jetzt

Rentenbezieher/innen, die nur mit der Aufstockung der Grundsicherung ihren Lebensunterhalt sichern können. Neben der Personengruppe, die eine Grundsicherung erhält, gibt es die Personengruppe, die zwar einen Anspruch auf die Grundsicherung hat, diesen Anspruch aus Scham jedoch nicht geltend macht und somit in der sogenannten verdeckten Armut lebt. Beide Gruppen leben am Existenzminimum und werden in vielen Fällen aus der Gesellschaft ausgeschlossen. Gesellschaftliche, kulturelle, und Bildungsangebote können aufgrund der Eintrittspreise nicht wahrgenommen werden. Aufgrund von Geldmangel muss der Konsumstil, aber auch die Gesundheitsvorsorge auf einem Minimalniveau gehalten werden. Das finanzielle Einkommen ist für ältere Menschen jedoch Vorrausetzung für eine aktive und gleichberechtigte Teilnahme am gesellschaftlichen Leben. Daher ist festzustellen, dass die Lebensphase ‚Alter' von sozialer Ungleichheit geprägt ist. Bei finanziellen Einschränkungen im Alter folgen Konsequenzen wie vermehrte Krankheit, Pflegebedürftigkeit und gesellschaftliche Isolation.

Um die Finanzierbarkeit der Rente langfristig zu gewährleisten und die Rentenleistungen, anstatt zu senken, wieder zu erhöhen, sollten die verschiedenen Renten- und Pensionssysteme zusammengelegt werden, sodass Arbeitnehmer/innen und Beamt/innen gemeinsam in die gesetzliche Rentenversicherung einzahlen und anhand der eingezahlten Entgeltpunkte Rentenleistungen erhalten. Es würde neben der Stärkung der gesetzlichen Rentenversicherung, in der Bevölkerung eine Art „Wir-Gefühl" entstehen. Außerdem würde das deutsche Rentensystem vereinfacht, da verschiedenste Rentenkassen wie beispielsweise für Beamte etc. wegfallen würden. Durch eine Vereinfachung würden ebenso Kosten gespart, welche sich wieder positiv auf die gesetzliche Rentenversicherung auswirken würden. Dieser Vorschlag würde die jährliche Senkung der Transferleistungen der gesetzlichen Rentenversicherung aufhalten und den zukünftigen Rentenbezieher/innen eine Perspektive geben.

Eine Zusammenlegung der gesetzlichen Rentenversicherung und der Pension von Beamt/innen wird in den nächsten Jahrzenten wahrscheinlich nicht stattfinden, da dies eine Senkung der Leistungen für Beamt/innen zur Folge hätte. Stattdessen gäbe es die Möglichkeit, in der Familienpolitik einzugreifen und werdende Eltern finanziell und strukturell zu unterstützen. Beide Elternteile müssen heutzutage arbeiten gehen, um eine Familie ‚finanzieren' zu können. Die Arbeit steht somit vor der Familie an erster Stelle. Wenn der Staat neben bundesweiten kostenlosen Kita-, Kindergärten und anderen Betreuungsplätzen eine Struktur schafft, in der die Familie einen Vorrang vor der Arbeit hat, sähen Paare wieder eine Perspektive, eher eine Familie zu gründen beziehungsweise ein weiteres Kind zu planen. Die Geburtenrate könnte dadurch wieder einen höheren Wert als den bisherigen von 1,4 erreichen. Bestes Beispiel ist das Land Dänemark mit einer Geburtenrate von 1,8, wo Eltern mehr Zeit für ihre Kinder haben, aber auch die Möglichkeit besitzen, ihre Kinder in Betreuungsplätzen unterzubringen (vgl. www.bpb.de).

Der Vorschlag, die bisherigen Rentensysteme zusammenzulegen und die Familienpolitik sozial gerechter zu machen, sind nur schwer oder nur teilweise umsetzbar. Auch wenn der Wert der Familie wieder gestärkt wird und damit ein Babyboom einhergehen würde, werden Rentenbezieher/innen dennoch eine Zeit lang finanzielle Probleme haben können, da die Zahl der erwerbsfähigen Personen und damit die der Renteneinzahler/innen nur langsam wieder ansteigt. Daher ist es wichtig, dass die Profession der Sozialen Arbeit einen reflektierten Blick auf die Altenarbeit hat. Die Gemeinwesenarbeit muss in den Stadtteilen ausgebaut werden, kostenlose Beratungsstellen und Angebote für ältere Menschen müssen geschaffen werden. Um das Zusammenleben der Generationen zu stärken, könnte man Projekte im Stadtteil planen, die generationsübergreifend sind. Es muss das Ziel sein, dass ältere Menschen weiterhin die Möglichkeit haben, ihr soziales Netzwerk zu behalten oder sogar auszubauen. Es ist außerdem wichtig, dass Dienstleister und Sozialarbeiter/innen eng zusammenarbeiten und ein Netzwerk innerhalb des jeweiligen Stadtteils entwickeln. Während der Beratung kann dies dem/der Sozialarbeiter/in helfen, schneller finanzielle Möglichkeiten einschätzen zu können und schneller Kontakt zu gewissen Dienstleistern aufzunehmen.

Um die Teilhabe der älteren Mitbürger/innen aufrecht zu halten, muss es weitere Maßnahmen geben, wie zum Beispiel die Städte barrierefreier zu gestalten. Teilhabe heißt auch, jungen Rentenbezieher/innen die Möglichkeit zu geben, an Projekten teilhaben zu lassen. Dies kann durch ehrenamtliche Arbeit in Vereinen, sozialen Einrichtungen, aber auch als Minijobber in Unternehmen erfolgen. Gerade Fachkräfte können Auszubildenden oder jungen Mitarbeiter/innen Fortbildungen zu gewissen Schwerpunkten geben. Viele Rentenbezieher/innen haben eine große emotionale Verbindung zu ihren ehemaligen Arbeitgebern. Durch eine kleine Beschäftigung in ihrem alten Betrieb wie zum Beispiel als Assistent/in für Fortbildung würden sich viele Rentenbezieher/innen glücklicher und wertgeschätzter fühlen. Neben der sozialen Anerkennung und der Teilhabe am sozialen Leben könnten Rentenbezieher/innnen ihr Einkommen verbessern.

Desweiteren steht die Sozial-, Alten- und Migrationspolitik vor der Aufgabe, das moderne Altern neu zu gestalten. Die Lebensgestaltung der älteren Menschen muss zwischen biographischer Altersperspektive und der gesellschaftlichen Altersdefinition neu ausgependelt werden. Alter(n) in der heutigen Gesellschaft ist flexibler geworden. Die heterogene Gruppe der älteren Menschen ist sehr komplex und hat verschiedenste Bedarfe. Bezahlbarer, barrierefreier und sozialer Wohnraum muss für ältere Menschen geschaffen werden. Es muss die Möglichkeit bestehen, dass ältere Menschen kurze Wege zu kulturellen und sozialen Einrichtungen sowie zu Ärzten und Lebensmittelgeschäften haben, um auf diese Weise die Teilhabe am gesellschaftlichen Leben zu fördern.

Die Soziale Arbeit und Altenhilfe muss sich regelmäßig reflektieren um herauszufinden, welche Bedarfe von den älteren Menschen eingefordert werden. Es muss sichergestellt werden, dass Menschen auch im Alter einen Spielraum für die Beteiligungsmöglichkeit haben. Hier ist zu beachten, dass man die Bedürfnisse der Minderheiten im Alter nicht außen vorlässt. Ärmere Rentner/innen und/oder Rentner/innen mit einem Migrationshintergrund haben in ihrer Biographie schon oft soziale Benachteiligung und Diskriminierung.

Literaturverzeichnis

Aner, Kristen/Karl, Ute (2010): Handbuch Soziale Arbeit und Alter. Wiesbaden: VS Verlag für Sozialwissenschaften

Anhorn, Roland/ Bettinger, Frank/Stehr, Johannes (2008): Sozialer Ausschluss uns Soziale Arbeit. Wiesbaden: VS Verlag für Sozialwissenschaften, (2. erweiterte Auflage)

Barlösius, Eva/Schiek, Daniela (2007): Demographisierung des Gesellschaftlichen. Wiesbaden: VS Verlag für Sozialwissenschaften

Bäcker, Gerhard/Naegele, Gerhard/Bispnick, Reinhard/Hofemann, Klaus/Neubauer, Jennifer (2010): Sozialpolitik und soziale Lage in Deutschland. Wiesbaden: VS Verlag für Sozialwissenschaften, (5.durchgesehene Auflage)

Bohk, Christina (2012): Ein probabilistisches Bevölkerungsprognosemodell: Entwicklung und Anwendung für Deutschland. Wiesbaden: VS Verlag für Sozialwissenschaften

Brand, Dagmar (2006): Alleinerziehende mit volljährigen Kindern. Wiesbaden: VS Verlag für Sozialwissenschaften

Brussig, Martin/Knuth, Matthias/Münken, Sarah (2016): Von der Frühverrentung bis zur Rente 67.Bielefeld: Transcript Verlag

Bundesministerium des Innern (2015): Migrationsbericht 2015. Berlin

Bundesministerium für Familie, Senioren, Frauen und Jugend, Das Altern der Gesellschaft als globale Herausforderung – Deutsche Impulse, Band 201. Stuttgart: Kohlhammer

Butterwegge, Carolin (2010): Armut von Kindern mit Migrationshintergrund. Wiesbaden: VS Verlag für Sozialwissenschaften

Butterwegge, Christoph (2015): Hartz IV und die Folgen. Weinheim und Basel: Beltz Juventa

Butterwegge, Christoph/Bosbach, Gerd/ W. Birkwald Matthias (2012): Armut im Alter. Frankfurt am Main: Campus Verlag

Butterwegge, Christoph (2009): Armut in einem reichen Land. Frankfurt am Main: Campus Verlag

Butterwegge, Christoph (2006): Krise und Zukunft des Sozialstaates. Wiesbaden: VS Verlag für Sozialwissenschaften, (3. erweiterte Auflage)

Butterwegge, Christoph/Klundt, Michael/Zeng, Matthias (2005): Kinderarmut in Ost- und Westdeutschland. Wiesbaden: VS Verlag für Sozialwissenschaften

Butterwegge, Christoph/Klundt, Michael (2002): Kinderarmut und Generationengerechtigkeit. Opladen: Leske+Budrich

Cremer, Georg (2016). Armut in Deutschland. München: Verlag C.H. Beck

Deutscher Bundestag (2008): Vierter Bericht zur Entwicklung der Pflegeversicherung. BT-Drs16/07772, Anlage 7

Deutscher Bundestag (2001): Zweiter Bericht zur Entwicklung der Pflegeversicherung. BT-Drs.14/5590

Glatzer, Wolfgang/Hübinger, Werner (1990): Lebenslagen und Armut. Frankfurt am Main: Suhrkamp

Groh-Samberg, Olaf (2009). Armut, soziale Ausgrenzung und Klassenstruktur. Wiesbaden: VS Verlag für Sozialwissenschaften

Grundwald, Klaus/Thiersch, Hans (2004): Praxis Lebensweltorientierter Sozialer Arbeit. Weinheim und München: Juventa Verlag

Hinte, Wolfgang/Lüttringshaus, Maria/Oelschlägel, Dieter (2007): Grundlagen und Stadarts der Gemeinwesenarbeit. Weinheim und München: Juventa Verlag

Horn, Michael/Köppen, Bernhard (2007): Demographischer Wandel in Deutschland. Berlin: Logos Verlag

Janda, Constanze/Fachinger, Uwe/Künemund, Harald (2016): Reformen in der gesetzlichen Rentenversicherung und in der Beamtenversorgung in Deutschland seit 1990. Berlin: Lit Verlag

Kaufmann, Franz-Xaver (2009): Sozialpolitik und Sozialstaat: Soziologische Analysen. Wiesbaden: VS Verlag für Sozialwissenschaften, (3. erweiterte Auflage)

Kleiner, Gabriele (2012): Alter(n) bewegt. Wiesbaden: VS Verlag für Sozialwissenschaften

Klundt, Michael (2008): Von der sozialen zur Generationsgerechtigkeit? Wiesbaden: VS Verlag für Sozialwissenschaften

Kolko, Gabriel (1967): Besitz und Macht. Sozialstruktur und Einkommensverteilung in den USA. Frankfurt am Main: Suhrkamp Verlag

Pasero, Ursula/M.Backes, Gertrud/R. Schroeter, Klaus (2007): Altern in Gesellschaft. Wiesbaden: VS Verlag für Sozialwissenschaften

Pfaffenbach, Stefan (2009): Nachhaltigkeit in der Gesetzlichen Rentenversicherung - Was leistet die kinderzahlabhängige Rente? Frankfurt am Main: Peter Lang Verlag

Roth, Jürgen (1997): Absturz, das Ende unseres Wohlstands. München: Piper Verlag

Schuster, Solveig (2010): Armutsfalle Alleinerziehend? Norderstedt: Grin Verlag

Schwendemann, Wilhelm/Puch, Hans-Joachim (2009): Armut und Gerechtigkeit. Freiburg: Verlag Forschung - Entwicklung – Lehre Freiburg

Stascheit, Ulrich (2015): Gesetze für Sozialberufe. Frankfurt am Main: Fachhochschulverlag

Tesch-Römer, Clemens/Engstler, Heribert/Wurm, Susanne (2006): Altwerden in Deutschland. Wiesbaden: VS Verlag für Sozialwissenschaften

Thieme, Frank (2008): Alter(n) in der alternden Gesellschaft. Wiesbaden: VS Verlag für Sozialwissenschaften

Urban, Hans-Jürgen/Ehlscheid, Christoph/Gerntke, Axel (2010): Der Neue Generationenvertrag. Hamburg: VSA

Vogel, Claudia/Motel-Klingebiel Andreas (2013): Altern im sozialen Wandel: Die Rückkehr der Altersarmut? Wiesbaden: Springer VS

Wagner, Wolf (1982): Die nützliche Armut. Berlin: Rotbuch Verlag

Willke, Gerhard (2011): Armut was ist das? Hamburg: Murmann Verlag

Zippel, Christian/Kraus, Sibyelle (2009): Soziale Arbeit für alte Menschen. Frankfurt am Main: Mabuse-Verlag

Online-Publikationen

http://www.armuts-und-reichtumsbericht.de/DE/Bericht/Archiv/Der-erste-Bericht/erster-bericht.html [letzter Abruf: 05.11.2017]

http://www.armuts-und-reichtumsbericht.de/DE/Bericht/Archiv/Der-zweite-Bericht/zweiter-bericht.html [letzter Abruf: 05.11.2017]

http://www.armuts-und-reichtumsbericht.de/DE/Bericht/Archiv/Der-dritte-Bericht/dritter-bericht.html (Langfassung S.140) [letzter Abruf: 05.11.2017]

http://www.armuts-und-reichtumsbericht.de/DE/Bericht/Archiv/Der-vierte-Bericht/vierter-bericht.html [letzter Abruf: 05.11.2017]

http://www.bpb.de/apuz/33449/demografischer-wandel-und-migration-als-megatrends?p=all [letzter Abruf: 18.10.17]

http://www.bpb.de/izpb/8078/sozialstaatskonzeptionen-und-familienpolitik [letzter Abruf: 05.11.2017]

http://www.bpb.de/politik/grundfragen/deutsche-verhaeltnisse-eine-sozial-kunde/138379/soziale-ungleichheit [letzter Abruf: 23.10.2017]

http://www.bpb.de/nachschlagen/zahlen-und-fakten/soziale-situation-in-deutschland/61785/armutsgefaehrdung [letzter Abruf: 12.04.2017]

https://www.caritas.de/glossare/verdeckte-armut [letzter Abruf: 09.10.2017]

http://www.deutsche-rentenversicherung.de/Allgemein/de/Inhalt/4_Presse/infos_der_pressestelle/02_medieninformationen/03_pressematerial/pressemappen/125_jahre_rentenversicherung/broschuee_125_jahre.pdf?__blob=publicationFile&v=11 [letzter Abruf: 09.10.2017]

https://de.statista.com/statistik/daten/studie/318160/umfrage/alleinerziehende-in-deutschland-nach-geschlecht/ [letzter Abruf: 03.09.2017]

https://www.duden.de/rechtschreibung/Community [letzter Abruf:05.11.2017]

https://www.duden.de/rechtschreibung/Multimorbiditaet [letzter Abruf: 08.11.2017]

https://de.wikipedia.org/wiki/Mikrozensus [letzter Abruf: 05.11.2017]

https://de.wikipedia.org/wiki/Zusammengefasste_Fruchtbarkeitsziffer [letzter Abruf: 20.10.2017]

https://www.gevestor.de/details/das-renteneintrittsalter-ubersichtlich-als-tabelle-dargestellt-653698.html [letzter Abruf: 09.11.2017]